VORWORT

Comment travailler avec le cahier? – Wie finde ich mich in diesem Heft zurecht? Wie kann ich mit ihm arbeiten?

Liebe Schülerin, lieber Schüler,

ich bin Luc – und in diesem Heft könnt ihr mit mir zusammen wieder üben und euch auf Tests und Klassenarbeiten vorbereiten. Ich weiß, worauf es ankommt und gebe euch viele nützliche **TIPPS**, wie das Lernen leichter und erfolgreicher wird.

Jede Lektion besteht aus folgenden Teilen:

1. Einem Übungsteil

- *Ecouter:* Hier übst du, Hörtexte zunächst global (als Ganzes) zu verstehen und dann, beim nochmaligen Hören, Details zu erfassen und gezielt Informationen zu entnehmen.
- *Grammaire:* In diesen Aufgaben übst du alle neuen Formen und Strukturen jeder Lektion. Oft sind die Übungen mehrteilig: Zunächst geht es um die Bildung der Formen, dann um die gelenkte Anwendung, d. h. um den Gebrauch.
- *Vocabulaire:* In diesen Übungen wiederholst du den neuen Wortschatz einer Lektion und übst, ihn im Zusammenhang anzuwenden.
- *Ecrire:* Hier zeigst du, wie kreativ du bist: du übst eigene Texte zu schreiben, z. B. eine Geschichte anhand von Bildmaterial.
- *Lire / Préparer une interro:* Solche Aufgaben bereiten dich auf Klassenarbeiten vor, die wie Klausuren angelegt sind: Du sollst einen Lesetext verstehen, das unbekannte Vokabular erschließen und Verständnisaufgaben bearbeiten. Dabei kann z. B. in einer anschließenden Teilaufgabe verlangt werden, dass du die Geschichte des Lesetextes fortführst, indem du einen Schlussteil verfasst und darin neue Strukturen anwendest.
- *Médiation/Communiquer et écrire:* Hier übst du, wie man für mehrere Gesprächsteilnehmer dolmetscht. Das Gespräch wird schriftlich nachempfunden.
- *Médiation/Rendre en allemand:* Du bekommst einen französischen Text vorgelegt/vorgespielt, den du zunächst erschließen und dann sinngemäß auf Deutsch schriftlich wiedergeben sollst.

2. Einer Klassenarbeit *(Interro)*

Die Klassenarbeit enthält die Teile *Ecouter, Lire* und *Ecrire*. Beim Hören und Lesen zeigst du, dass du die neuen Wörter und Strukturen im Zusammenhang verstehst. Das wird häufig mit *Multiple-Choice-* oder *vrai / faux*-Rastern festgestellt. Beim Schreiben beweist du, dass du die neuen Wörter und Strukturen auch selbstständig anwenden kannst.
Bitte beachte: Für die *Interro* erreichst du maximal 30 Punkte. Frage deinen Lehrer/deine Lehrerin, ob die Notentabelle, die immer am Ende der Lösungen abgebildet ist, in eurem Bundesland anwendbar ist, d. h., wie viele Punkte du erreichen musst, um (noch) die Note 4 (= ausreichend) zu bekommen. Vielleicht gibt es auch besondere Bestimmungen, wie die einzelnen Teile einer Klassenarbeit im Verhältnis zueinander gewertet werden. Z. B. fließen in freien Übungen auch noch andere Kriterien zur Notenfindung ein. Mit diesen solltest du dich vertraut machen. Du findest die Kriterien im Anschluss an die Notentabelle.
(Anmerkung: In *Module 3* gibt es keine *Interro.)*

3. Einer Seite zur Selbstkontrolle *(Auto-Evaluation)*

Auf der beiliegenden CD ist zu jeder Lektion/ zu jedem *Module* eine Seite mit dem Stoff der Lektion zusammengestellt (PDF). Mithilfe von Beispielen kannst du dir überlegen, was du schon gut kannst und was du nochmals üben solltest. Du findest auch auf der CD die Lösungen/Lösungsvorschläge zu allen Aufgaben dieses Hefts sowie Aufgaben zum *Supplément*-Teil.

So, jetzt kann es losgehen – *bonne chance!*

Luc

Zeichenerklärung

	Hörverstehensübung	§§	Die bei den Übungen genannten Paragrafen verweisen auf das Grammatische Beiheft.
	Leseverstehensübung	[ ]	Dieses Symbol steht vor einer Übung oder einer Lektion, die nur in bestimmten Bundesländern verlangt wird.
	kreatives Schreiben		Reaktiviere deine Kenntnisse: die Aufgaben mit diesem Symbol sind zur Wiederholung von bereits gelerntem Stoff.

INHALTSVERZEICHNIS

Die begleitende CD im hinteren Innenumschlag enthält:

Audiomaterialien	zu Leçon 1–5 und Module 1–3
Hörverstehenstexte	zu Leçon 1–5 und Module 1–3 (PDF)
Lösungen/Lösungsvorschläge	zu Leçon 1–5, Module 1–3 und Supplément (PDF)
Auto-Evaluation	Bögen zur Selbstkontrolle (PDF)
Checklisten	zu Leçon 1–5 und Module 1–3 (PDF)
[Supplément]	Übungen zu den §§ 36 und 37 des Grammatischen Beihefts (PDF)

Bevor du mit den Übungen arbeitest, ist es wichtig, dass du dir einen Plan machst, in welcher Zeit du was erledigen willst. Es ist immer besser, frühzeitig vor der anstehenden Klassenarbeit mit dem Üben zu beginnen. Auf der CD findest du für jede Lektion eine Checkliste (Liste de travail) als PDF zum Ausdrucken. Fülle sie aus, bevor du mit dem Lernen beginnst.

Hier ein Beispiel:

	üben am	**erledigt und korrigiert am**	☹ ☺	☹ **Schau im Schülerbuch und Cahier d'activités nach und mache eine weitere Übung**
Vokabeln der Leçon 3	12.–16. Oktober	12.–16. Oktober	☹	Bei den Wörtern ***contrôler*** und ***le contrôleur*** muss ich aufpassen, denn die Rechtschreibung ist nicht wie im Deutschen. Ich merke mir: In ***contrôler*** muss ich genau **k**ontr**oll**ieren, was unterschiedlich ist, nämlich: ***c, ô, l***!
Grammatik der Leçon 3	12.–16. Oktober	12.–16. Oktober	☹	Bei den **reflexiven Verben** im ***Passé Composé*** habe ich noch Schwierigkeiten, an die **Angleichung des *Participe passé*** zu denken. Ich werde noch einmal das Kapitel in der Grammatik durchgehen und auch die Seiten 38–39 im Découvertes Trainingsbuch bearbeiten. Auch die Bildung der **Adverbien** will ich noch einmal üben, besonders ***bien, mal*** und ***mieux***.
Médiation (Rendre en allemand) der Leçon 3	12.–14. Oktober	21. Oktober	☹ ☺	Es fällt mir nicht leicht, den Text im Zusammenhang zu verstehen. Damit ich ihn wiedergeben kann, teile ich ihn mir in zwei oder drei **Sinneinheiten** (= Abschnitte) ein. Diese bearbeite ich an darauffolgenden Tagen. Nach einer Woche hole ich die Übung nochmals hervor und bearbeite sie „am Stück". So klappt es!
kreatives Schreiben der Leçon 3	12.–16. Oktober		☺	Bevor ich losschreibe, mache ich mir stichwortartig Notizen zu dem Thema, suche Beispiele und überlege, wie meine Meinung dazu ist. So kann ich meinen Text besser strukturieren!
Interro der Leçon 3			☺	Gut gekonnt, 28 Punkte erreicht. Ich muss nur noch mehr darauf achten, dass ich die Vokabeln, die ich kenne, beim freien Schreiben auch wirklich benutze!

Sieh dir deine alten Klassenarbeiten an, damit du nicht zweimal die gleichen Fehler machst. Trage in der Tabelle ein, wo du Schwierigkeiten hattest und übe noch einmal.

Probleme in der letzten Klassenarbeit	**noch einmal üben am**	**geübt am**
verschiedene Relativpronomen unterscheiden: *ce qui / ce que* *dont* *lequel*	22. Oktober	22. Oktober

LEÇON 1 Un été en Normandie

TIPP
Am besten gehst du bei HV-Aufgaben in **zwei Stufen** vor:
1. Stufe: Mache dir beim ersten Anhören klar, wer überhaupt mit wem spricht, worüber gesprochen wird und ob es sich z. B. um eine Diskussion, einen Streit etc. handelt oder ob etwas erzählt wird, und vesuche den **Zusammenhang** zu verstehen (= **Globalverständnis**).
2. Stufe: Lies dir vor dem zweiten Anhören die Fragen bzw. Aufgabe durch, höre dann konzentriert zu und achte genau auf die Einzelheiten, die du wissen musst (= **Detailverständnis**).

1 Quand les filles parlent entre elles …

a *C'est la récréation. Judith et Isabelle sont dans la cour du collège. Ecoute le dialogue une fois. Puis coche la bonne phrase.*

1. Qui parle? a) Deux filles qui ne s'aiment pas. b) Deux copines. c) Deux sœurs.	☐ ☐ ☐		
2. C'est une a) dispute. b) discussion. c) aventure qu'une des filles raconte à l'autre.	☐ ☐ ☐		
3. Elles parlent a) d'un garçon. b) de leurs copines. c) d'un garçon et d'une fille qui sont amoureux.	☐ ☐ ☐	**4.** Judith est a) jalouse du copain d'Isabelle. b) triste parce qu'elle n'a pas de copain. c) tombée amoureuse[1].	☐ ☐ ☐

b *Ecoute le dialogue une deuxième fois, puis coche la bonne phrase et complète les phrases **7.–9.***

1. Seb a) est très sympa mais il n'est pas sportif. b) joue bien au volley. c) est un grand baratineur.	☐ ☐ ☐	**4.** Isabelle n'est pas contente de sa copine parce qu'elle a) est jalouse. b) trouve que Judith drague trop les garçons. c) n'aime pas Seb.	☐ ☐ ☐
2. Pendant que Judith était avec Seb, elle a) n'a pas beaucoup parlé. b) a regardé la mer sans parler. c) a beaucoup parlé.	☐ ☐ ☐	**5.** Isabelle dit que a) toutes les filles flashent sur Seb. b) les filles ne flashent pas du tout sur Seb. c) tous les garçons flashent sur Judith.	☐ ☐ ☐
3. Judith a) trouve que Seb est un peu timide avec les filles. b) trouve que Seb n'est pas du tout timide. c) n'aime pas les garçons qui sont trop timides.	☐ ☐ ☐	**6.** Isabelle dit aussi que Seb a) l'a draguée. b) a dragué Sophie. c) n'a jamais dragué de fille.	☐ ☐ ☐

7. Isabelle dit que Sophie est sortie avec Seb. Elle ________________ des choses personnelles[2] mais Seb a ________________ à ses copains. **8.** Alors, Sophie est en colère contre Seb et ne ________________ et ne ________________ pas non plus. **9.** Maintenant, Judith veut ________________ Sophie pour ________________.

---

1 **tomber amoureux/amoureuse (de qn)** [tõbeamuʀø/amuʀœz] sich (in jdn.) verlieben – 2 **personnel/personnelle** [pɛʀsɔnɛl] persönlich, privat

2 Paulette est plus petite que Luc. → § 1

TIPP
Denk daran, dass das Vergleichswort (im Deutschen „wie" oder „als") im Französischen **immer *„que"*** heißt! Denk auch daran, dass man im Französischen nach „unten" steigern kann.

a *Voici Luc, Patrick et Nicolas. Compare-les.*

Patrick Luc Nicolas

1. Patrick est ___________ grand ________ Luc.

2. Nicolas est ___________ grand ________ Patrick et Luc.

3. Patrick et Nicolas sont ___________ cool ________ Luc.

4. Luc est le garçon ___________ cool.

b *Les trois copains sont au café. Ils regardent les filles qui passent et parlent des filles qu'ils connaissent. Lis les phrases, puis fais **des comparaisons** avec les adjectifs qui sont à droite. N'oublie pas **l'accord des adjectifs**.*

TIPP
Vergiss nicht, dass ***„bon"*** Sonderformen hat! Und denk daran, dass der Artikel im Superlativ meist zweimal vorkommt: ***le** jean **le** plus cher.*

1. Nicolas: – Tu vois les deux filles? Elles sont ___________ les filles de notre classe, je trouve. **2.** Patrick: – Oui, leur look[1] est ___________ et leurs vêtements sont ___________. Mais est-ce qu'elles sont ___________ les filles que nous connaissons? Je suis sûr qu'elles sont ___________ les filles de notre classe. **3.** Nicolas: – Je trouve la fille à droite ___________ l'autre … **4.** Patrick: – Moi, je trouve que la fille ___________ de toutes, c'est Yasmina. Tu la connais? **5.** Nicolas: – Oui, elle est en 4e B, non? C'est ___________ élève de sa classe. **6.** Patrick: – Et tu connais sa sœur? C'est vrai qu'elle est ___________ elle, mais elle est ___________. Hein Luc, qu'est-ce que tu en[2] dis? **7.** Luc: – Oh, tu sais, même les filles ___________ ne m'intéressent pas, quand elles sont ___________ moi. Le foot, le volley, le rugby, ce sont les choses ___________ pour moi.
8. Nicolas: – Alors là, tu dois seulement regarder Charlotte! Elle porte souvent sa tenue de sport[3], elle trouve que c'est sa tenue ___________!

- **+ cool**
- **+ branché**
- **+ cher/+ beau**
- **- sympa**
- **+ intéressant**
- **++ joli**
- **++ bon**
- **+ jeune**
- **= mignon**
- **++ gentil**
- **– sportif**
- **++ important**
- **++ pratique**

---

1 un look *(fam.)* [ɛ̃luk] ein (Kleidungs-)Stil *(ugs.)* – **2 en** [ɑ̃] *hier:* dazu – **3 une tenue de sport** [yntənydəspɔʀ] eine Sportbekleidung

3 Ma mère raconte. → § 4

a *Ecris les mots qui indiquent quel temps tu dois prendre (**imparfait** ou **passé composé**) dans la bonne colonne du tableau.*

TIPP
Es gibt bestimmte Signalwörter, die dir die Entscheidung zwischen *Imparfait* und *Passé composé* erleichtern. Unterstreiche sie immer zuerst in einem Text.

Imparfait	Passé composé
______________	______________
______________	______________
______________	______________
______________	______________
______________	______________
______________	______________
______________	______________
______________	______________

tout à coup – pendant – puis – alors – à … heures – d'abord – toute la journée/soirée – enfin – après cela – toute l'année – toujours – tout de suite – tous les jours/matins/soirs – à midi – souvent – pendant que

b *Maintenant, choisis et coche le temps correct des verbes.*

Hier soir, ma mère ☐ me disait ☐ m'a dit:
«J'ai un beau souvenir à te raconter: pendant ma première année à Toulouse, ☐ j'étais ☐ j'ai été seule et ☐ je n'avais pas ☐ je n'ai pas eu beaucoup d'amis parce que ☐ je travaillais ☐ j'ai travaillé beaucoup. Et souvent, ☐ je me promenais ☐ je me suis promenée seule pour prendre des photos. Un jour, dans la rue, ☐ je voyais ☐ j'ai vu un homme. ☐ Il était ☐ Il a été grand, beau et très sympa. ☐ Il attendait ☐ Il a attendu le bus qui ☐ allait ☐ est allé au centre-ville[1]. Moi, tout de suite, ☐ je prenais ☐ j'ai pris une photo de lui. Puis, le bus ☐ arrivait ☐ est arrivé et le jeune homme ☐ montait ☐ est monté. Et moi aussi. Pour aller au travail tous les jours, ☐ je prenais ☐ j'ai pris une autre ligne de bus. Pendant que ☐ nous traversions ☐ nous avons traversé la ville, ☐ je regardais ☐ j'ai regardé toujours le jeune homme. Et lui? ☐ Il lisait ☐ Il a lu le journal. Tout à coup, ☐ il se levait ☐ il s'est levé pour descendre, et enfin, ☐ il me regardait ☐ il m'a regardée et voilà, ☐ c'était ☐ ça a été le coup de foudre. Sur la place du marché, enfin, ☐ nous quittions ☐ nous avons quitté le bus tous les deux.
Alors, ☐ je lui parlais ☐ je lui ai parlé et ☐ nous prenions ☐ nous avons pris un café ensemble. ☐ On discutait beaucoup ☐ On a beaucoup discuté. Tous les jours, pendant l'été, ☐ on se retrouvait[2] ☐ on s'est retrouvés, ☐ il m'invitait ☐ il m'a invitée au cinéma ou au café, ☐ on faisait ☐ on a fait de longues promenades[3]. Et maintenant, c'est ton papa! Et regarde, la photo, je l'ai toujours.»

---

1 un centre-ville [ɛ̃sɑ̃tʀəvil] ein Stadtzentrum – **2 se retrouver** [səʀətʀuve] sich treffen – **3 une promenade** [ynpʀɔmnad] ein Spaziergang

4 Un week-end dans les Pyrénées → §§ 2, 3, 4

L'été dernier, la famille Rollin a eu un week-end très bizarre. Fabien raconte comment tout a commencé …

TIPP
Stelle dir bei deiner Entscheidung, welche Vergangenheitszeit du verwenden musst, immer die Fragen: **Was war schon? Was geschah oft und regelmäßig? Was geschah dann? Was passierte einmal / plötzlich?** Dies hilft dir, um richtig zwischen ***Imparfait*** und ***Passé composé*** zu unterscheiden.

a *Pour chaque* ***verbe*** *dans le texte, coche d'abord la question qui indique* ***le temps du passé*** *correct, puis mets tout le texte au passé. Ecris-le dans la colonne droite du tableau.*

	Was war schon? Was geschah oft / immer?	Was geschah dann? Was passierte einmal / plötzlich?	
– Je suis un enfant,	☐	☐	
j'ai 12 ans,	☐	☐	
nous vivons à Toulouse.	☐	☐	
Mes parents aiment la nature,	☐	☐	
ils détestent la ville. C'est pourquoi, chaque	☐	☐	
week-end, nous allons à la campagne.	☐	☐	
Nous marchons[1] dans la forêt,	☐	☐	
mes parents sont contents,	☐	☐	
mais nous, les enfants, nous préférons être	☐	☐	
avec nos copains du quartier,			
nous ne voulons pas sortir le dimanche, et	☐	☐	
mon petit frère a toujours peur dans la forêt.	☐	☐	
Un jour, nous allons dans les Pyrénées.	☐	☐	
C'est un long voyage en voiture.	☐	☐	
Ma mère prépare un pique-nique,	☐	☐	
puis nous partons.	☐	☐	
Il fait très beau.	☐	☐	
Tout à coup, mon père a l'idée de quitter	☐	☐	
la route[2] et il prend un petit chemin. Mais,	☐	☐	
quelques kilomètres après, il doit s'arrêter[3] …	☐	☐	

b *Ecris la suite de l'histoire dans ton cahier. Les quatre dessins vont te donner une idée.*

TIPP
Lies dir, bevor du mit dem **b**-Teil der Aufgabe beginnst, die ***„Stratégie"*** zum **kreativen Schreiben** im SB, S. 18 durch!

1 marcher [maʀʃe] wandern – **2 une route** [ynʀut] eine Landstraße – **3 s'arrêter** [saʀɛte] anhalten

5 Test: est-ce que c'est vraiment ton meilleur copain/ta meilleure copine?

Complète le questionnaire avec le vocabulaire qui est entre [crochets] et coche aussi «oui» ou «non».

TIPP
Lies dir vorher die Vokabeln der Lektion im **SB** auf S. 93–96 durch und bearbeite in deinem **Découvertes Vokabellernheft** die S. 3–6 und/oder im **Trainingsbuch** die S. 12–14.

Tu as un très bon copain ou une très bonne copine, mais tu te demandes: est-ce qu'il/elle est vraiment mon meilleur copain/ma meilleure copine? Alors, fais le test. Ou bien, faites le test à deux.	**oui**	**non**
1 Il/Elle trouve que tu es [rephy] ______________ cool?	☐	☐
2 Tu le/la trouves [nocna] ______________?	☐	☐
3 Tu trouves que son look[1] est très [bérnach] ______________?	☐	☐
4 Il/Elle est aussi [fiptors/viptorse] ______________/______________ que toi?	☐	☐
5 Vous pouvez passer une [riesoé] ______________ à écouter la musique que vous aimez?	☐	☐
6 Quand il/elle a fait une bêtise, il/elle [vaeou] ______________ ce qu'il/elle a fait?	☐	☐
7 Il/Elle ne [es ouqme] ________ ______________ jamais de toi?	☐	☐
8 Tu le/la [tervourse] ______________ tous les jours ou presque[2]?	☐	☐
9 Tu peux lui dire [rêrteA not amicén!] «________ ________ ______________!» sans problème?	☐	☐
10 Quand il/elle a une idée bizarre, tu peux lui dire que tu la trouves [guenid] ______________?	☐	☐
11 Quand il/elle n'a pas été gentil(le) avec toi, il/elle te [meddaen oarpdn] ______________?	☐	☐
12 Tu n'es pas jaloux(se) quand il/elle [gaurde] ______________ une fille/un garçon qui t'intéresse?	☐	☐
13 Quand tu as un problème, il/elle te [psorope] ______________ de t'aider?	☐	☐
14 Vous aimez tous les deux vous [relabad] ______________ en ville ou dans la nature?	☐	☐
15 Il/Elle est peut-être [mideti] ______________, mais avec toi, non.	☐	☐
16 Tu aimes la [elvio] ______________, mais il/elle préfère le [lyloev] ______________: ce n'est pas un problème.	☐	☐

Réponses «oui» plus de 12 fois:
Vous êtes les meilleurs copains / meilleures copines du monde[3]. Si tout va bien, vous n'allez plus [siajam] ______________ vous quitter!

Réponses «non» plus de 12 fois:
[goeDamm] ______________!
Il y a des problèmes entre vous. Mais un test, c'est un jeu, ce n'est pas toujours vrai …

TIPP
Um die Jugend- und Umgangssprache zu üben, die in dieser Lektion eine wichtige Rolle spielt, kannst du den Hörtext der Übung 1 ins ***„Français standard"*** übertragen. Du findest den Text zum Ausdrucken als PDF auf der CD.

1 **un look** *(fam.)* [ɛ̃luk] ein (Kleidungs-)Stil *(ugs.)* – 2 **presque** [pʀɛsk(ə)] beinahe, fast – 3 **le monde** [ləmɔ̃d] die Welt

6 Vive[1] les vacances!

*Fais un filet à mots sur le sujet des **vacances** sur une feuille de papier.*

TIPP
Vokabelnetze sind sehr nützlich, weil sie ähnlich aufgebaut sind wie die Nervenverbindungen in deinem Gehirn. Versuche, möglichst viele „alte" Vokabeln in das Netz einzubauen und auf diese Weise zu reaktivieren.

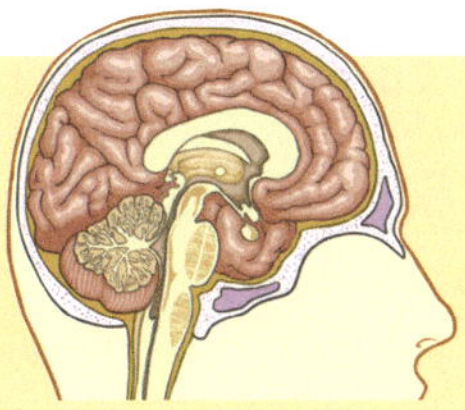

le temps
...

Comment y[2] aller?
...

la montagne
...

les activités
...

la mer
...

7 Un festival[3] d'été

Lis le texte, puis réponds aux questions.

TIPP
Diese Übung bereitet dich auf eine komplexe Aufgabe vor, wie du sie in der ***Interro*** findest. Wichtig bei diesem Aufgabentyp ist, dass du Textverständnis, Grammatik und Vokabeln **im Zusammenhang** berücksichtigen musst.

Est-ce que vous connaissez le «Festival du soleil» de Roche-sur-mer? C'est un festival de musique rock qu'on organise chaque année sur la plage. Il y beaucoup de groupes très connus qui jouent sur la scène. Les jeunes viennent de toute la France pour les concerts, ils trouvent que le programme du festival est super et ils sont contents de voir et d'écouter leurs stars. Et les jeunes aiment aussi les prix: les concerts à Roche-sur-mer sont moins chers qu'à Paris. Les musiciens ne demandent pas beaucoup d'argent parce qu'ils trouvent que jouer au «Festival du soleil», c'est aussi sympa qu'une journée de vacances. Cette année, on attend plus de 2000 personnes, le festival va être plus grand et plus intéressant que les autres années. L'ambiance est toujours très bonne sous le soleil de Roche-sur-mer parce qu'un concert sur la plage, ce n'est pas un concert comme les autres! Les jeunes se mettent dans le sable, avec leur pique-nique, ils écoutent, ils dansent, et quand les groupes ont fini, ça continue, c'est la fête pendant toute la nuit!

1. Le texte parle de quoi? ______________________________

____

2. Cela se passe où? ______________________________

3. Qui est là? ______________________________

4. Qu'est-ce que les jeunes aiment au «Festival du soleil»? (Les mots-clés suivants vont t'aider.)

stars: ______________________________

ambiance: ______________________________

____

prix: ______________________________

1 Vive ... ! [viv] Es lebe ... ! – **2 y** [i] dorthin – **3 un festival** [ɛ̃fɛstival] Festspiele / ein Festival

8 Communiquer et écrire: Ah, les belles plages!

TIPP
Denk daran, dass nicht wörtlich übersetzt, sondern **sinngemäß** übertragen werden soll.

Tu es en France avec ton père. Vous avez rencontré une famille française très sympa, les Martin. Les deux pères de famille ne parlent pas la langue de l'autre, alors tu fais l'interprète.

Ton père: Kennen Sie die Normandie ein wenig oder sind Sie das erste Mal hier?

1. *Toi:* ____________________

M. Martin: Ah oui, il y a des belles plages en Normandie. Je connais Deauville où je suis souvent allé en été avec mes parents.

2. *Toi:* ____________________

____

Ton père: Aber es ist nicht immer schönes Wetter, soweit ich weiß, regnet es oft und das Wasser – brrrh, das muss doch saukalt sein!?

3. *Toi:* ____________________

____

M. Martin: Bien sûr, le temps n'est pas comme sur la Côte d'Azur. Mais vous savez, au mois d'août, l'eau est très bonne, et en plus, avec le vent, c'est très bon pour la santé[1].

4. *Toi:* ____________________

____

Ton père: Ah, dann kennen Sie auch die Côte d'Azur?

M. Martin: Ça, je l'ai compris! Oh, vous savez, la Côte d'Azur … ça, c'est autre chose: toujours du soleil, de la chaleur, toujours la même couleur bleue de la mer … En plus, il y a trop de touristes, et tout est beaucoup trop cher!

5. *Toi:* ____________________

____

____

Ton père: Unsere Familie mag eigentlich lieber die Berge. Die Kinder sind begeisterte Kletterer und meine Frau und ich lieben die Natur. Nächstes Jahr werden wir vielleicht in die Pyrenäen fahren.

6. *Toi:* ____________________

____

M. Martin: Ah, là, si vous aimez la montagne et la nature, vous avez bien choisi. Vous pouvez même habiter dans une ferme[2]. Comme ça, vous êtes dans la nature – et pouvez manger les produits[3] de la région, les fromages des Pyrénées sont très bons.

7. *Toi:* ____________________

____

____

Ton père: Das hört sich toll an! Frankreich ist wirklich so ein wunderschönes Land!

M. Martin: Je crois que je l'ai compris: la France est belle, hein? Alors là, je ne dis rien contre, monsieur!

---

1 **la santé** [lasɑ̃te] die Gesundheit – 2 **une ferme** [ynfɛʀm] ein Bauernhof – 3 **un produit** [ɛ̃pʀɔdɥi] ein Produkt (*hier:* ein Nahrungsmittel)

9 Rendre en allemand: Le camembert de Normandie

TIPP

Dieser neue Aufgabentyp verlangt von dir ganz besondere Fähigkeiten (Kompetenzen), nämlich gutes Verstehen des Textes in der Fremdsprache und sinngemäßes Wiedergeben in deutscher Sprache. Du solltest deshalb zunächst die folgenden Hinweise durchgehen, bevor du dich an die Aufgabe machst.

Vorbereitung

1. Lies den Ausgangstext genau durch und versuche erst einmal zu verstehen, **worum es in diesem Text geht**. Lass dich nicht ablenken durch Wörter oder Sätze, die du nicht gleich verstehst.
2. Versuche beim **zweiten Lesen** die **Kernaussagen zu verstehen**: Welche Infomationen musst du unbedingt übermitteln, damit der Text verständlich wird?
3. **Unterstreiche** sie.
4. Denke an die Zeitvorgabe, wenn so eine Aufgabe als Klassenarbeit durchgeführt wird.
5. **Geh** die unterstrichenen Passagen **noch einmal durch**; **formuliere** die Informationen **vor**, die du mitteilen willst.

Bearbeitung der Aufgabe

- Sag / Notiere **zu Beginn**, worum es in dem Text überhaupt geht.
- Gib die Informationen in der **Reihenfolge** wieder, wie sie für dein Resümee wichtig sind.
- **Löse dich im Deutschen von der französischen Vorlage**, versuche gar nicht erst, sie zu übersetzen. Benutze im Deutschen übliche Ausdrücke und Wendungen. (Es kann sein, dass du einen ganz anderen bildhaften Ausdruck benutzen musst als im französischen Text.)
- Diesen Aufgabentyp findest du auch, wenn du **mündlich** in eigenen Worten wiedergeben sollst.

*Lis le texte. Pour mieux (besser) comprendre les mots inconnus, pense à une autre langue (l'anglais, l'allemand) et note leur traduction à côté du texte. Puis résume le texte **en allemand** dans ton cahier.*

Camembert de Normandie: «Toute la tradition normande dans un fromage»

Le camembert de Normandie est un très bon fromage français. C'est dans le petit village de Camembert, en Normandie, que Marie Harel l'a fabriqué pour la première fois, en 1791. La légende dit qu'un prêtre[1] l'a aidée.

Aujourd'hui, le camembert n'est pas seulement un fromage: il est devenu l'un des symboles de la cuisine et de la gastronomie françaises. Tout le monde le connaît, on l'aime dans tous les pays. Les Français aiment manger leur fromage à la fin du repas, mais il n'y a pas de règle pour manger le camembert.

C'est un fromage qui a une couleur blanche et une forme ronde. On le fabrique avec du lait cru[2] de vache, et on a besoin de deux litres de lait pour un fromage de 250 grammes. Entre 30 et 35 jours sont nécessaires pour faire un fromage. A la fin, on le vend dans sa boîte en bois mince[3] typique.

La fabrication de camembert est très traditionnelle et très compliquée, il faut avoir beaucoup d'expérience pour réussir un bon camembert. Il existe aujourd'hui dix ateliers[4] de fabrication de camembert de Normandie.

Pour garantir sa qualité et son caractère, depuis 1983, le camembert de Normandie est contrôlé régulièrement et sévèrement[5] par un laboratoire indépendant.

Dans le village de Camembert, vous pouvez visiter la Maison du camembert et à Vimoutiers, en Basse-Normandie, il y a même un musée du camembert.

1 un prêtre [ɛ̃pʀɛtʀ] ein Priester – **2 le lait cru** [ləlɛkʀy] die Rohmilch – **3 une boîte en bois mince** [ynbwatɑ̃bwamɛ̃s] eine Spanschachtel – **4 un atelier** [ɛ̃natəlje] eine Werkstatt / Fabrikationsstätte – **5 régulièrement et sévèrement** [ʀegyljɛʀmɑ̃esevɛʀmɑ̃] regelmäßig und streng

1 Lire: Des lettres, beaucoup de lettres …

Comme chaque été, une jeune fille passe ses vacances au bord de la mer avec sa famille. Pendant toutes les vacances, elle écrit des lettres …

a *Lis les textes, puis coche les bonnes phrases.*

Vendredi
On est arrivés hier soir. Il faisait nuit. Mais ce matin, il y a du soleil, le jardin est beau, il y a beaucoup de fruits. Ma chambre est petite, mais je peux voir la mer, quand je suis au lit. Je t'écris. Vite. Tu vois, c'est moi qui commence. On va s'écrire tous les jours. Tu me l'as promis[1], je te l'ai promis. Mais c'est un secret[2]. Je t'aime trop. C'est les vacances, mais sans toi je suis triste. J'ai mis ta photo sur ma table.

Samedi
Il n'y a pas de lettre. J'ai regardé cinq fois. Papa m'a dit que les lettres mettent trois ou quatre jours pour arriver ici. Alors je dois attendre, j'attends.

Dimanche
Aujourd'hui, on est allés à la plage. La plage est belle, il y a beaucoup de jeunes, ils jouent au volley, ils s'amusent. Il y a aussi des jeunes que je connais, mais je trouve qu'ils sont moins sympas que l'année dernière. L'eau est un peu froide.

Lundi
Ce matin, beaucoup de lettres, mais pas une seule pour moi. Je suis triste. J'attends encore demain. Demain, je vais avoir deux ou trois lettres de toi … Il pleut toute la journée. Je ne sais pas quoi faire. Papa m'a dit: «Tu peux travailler un peu pour l'école, tu sais bien que tu dois apprendre tes leçons d'anglais.» Mais faire des devoirs pendant les vacances? Non merci.

Mardi
Il fait beau, enfin. C'est ma lettre numéro 5. Je t'écris tous les jours, une promesse[3], c'est une promesse. Et toi? Je n'ai toujours pas de lettre de toi, mais je suis sûre que tu m'écris. Papa dit que la poste[4] est en grève[5]. La grève explique tout. Je sais que tu m'écris tous les jours.

Mercredi
J'ai passé toute la journée sur la plage avec les copains de l'année dernière. Ils sont vraiment sympas. On s'est bien amusés. Il y a aussi Nicolas, il est plus sympa que les autres, et il m'aime bien. On était toujours ensemble.

Jeudi
La famille de Nicolas a une maison à côté de chez nous. Et ils ont des chats! J'adore les chats. Le soir, les deux familles mangent ensemble, notre famille et la famille de Nicolas. On mange, on discute, c'est très bien.

Vendredi
Ça, c'est ma dernière lettre, je n'ai plus le temps d'écrire, je suis toujours avec les copains, sur la plage ou au café. J'ai oublié de regarder pour une réponse à mes lettres.

2 Punkte

Lesen + richtige Antwort

La fille est amoureuse du garçon à qui elle écrit.	☐	La fille et le garçon écrivent tous les jours.	☐
Le garçon est amoureux de la fille qui lui écrit.	☐	La fille écrit tous les jours.	☐

b *Trouve le jour de la semaine qui va avec le titre indiqué. Ecris le jour de la semaine à côté de chaque titre.*

8 Punkte

1 Punkt pro Antwort

titre	jour de la semaine	titre	jour de la semaine
Premier jour sur la plage		La promesse	
Grève de la poste		Fin des lettres	
Attendre …		Il pleut et je suis triste.	
Un nouveau copain?		Des voisins sympas	

1 promettre (promis, promise) qc à qn [pʀɔmɛtʀ (pʀɔmis, pʀɔmiz)] jdm. etw. versprechen (versprochen) – **2 un secret** [ɛ̃səkʀɛ] ein Geheimnis – **3 une promesse** [ynpʀɔmɛs] ein Versprechen – **4 la poste** [lapɔst] die Post – **5 une grève** [yngʀɛv] ein Streik

2 Ecrire: La réponse

10 Punkte

Relis d'abord les lettres de la jeune fille de l'exercice 1. Puis écris la réponse du garçon qui lui explique pourquoi il n'a pas répondu à ses lettres. Les dessins vont t'aider.

TIPP
Bei der eigenen Bewertung deines Textes kommt es nicht nur auf die erreichte Punktzahl an, sondern auch darauf, ob du **flüssig geschrieben** hast und der Text **gut lesbar** ist, ob du die Sätze im **Wortschatz** und im **Satzbau abwechslungsreich gestaltet** hast und natürlich, ob dein Text **wenig Fehler** enthält, die die Lesbarkeit stören. Auf der CD findest du Kriterien für die Beurteilung.

mind. 1 Satz pro Bild

Salut, Christine, ______________________________

____

____

____

____

______________________________. C'est comme ça. Pierre

3 Ecouter: Top-Vacances

a *Ecoute le CD une fois et coche la bonne phrase.*

3 Punkte

1 Punkt pro Antwort

1. C'est		**2.** On parle		**3.** On parle aussi	
a) une histoire.	☐	a) d'un village à la campagne.	☐	a) d'un séjour[1].	☐
b) un reportage.	☐	b) d'un village de vacances.	☐	b) d'un déménagement.	☐
c) une publicité.	☐	c) d'une petite ville.	☐	c) d'un hôtel.	☐

b *Ecoute le CD une deuxième fois. Vrai ou faux? Coche la bonne réponse. Si c'est faux, corrige.*

7 Punkte

*

	vrai	faux	phrases corrigées
1. «Top-Vacances», c'est une bonne idée pour les enfants qui veulent passer des vacances sans leurs parents.	☐	☐	
2. Tous les jours, on organise des matchs de volley sur la plage.	☐	☐	
3. Tous les appartements ont quatre chambres et une télé.	☐	☐	
4. Les jeunes ne mangent pas au restaurant, ils préparent leurs repas dans l'appartement.	☐	☐	

1 **un séjour** [ɛ̃seʒuʀ] ein Aufenthalt

* richtige Antwort und korrigieren

LEÇON 2 Découvrir la Bourgogne

1 Au marché

TIPP
Lies zuerst genau die drei Resümees, bevor du den Text hörst.

a *Ecoute le dialogue et coche le résumé qui raconte le texte (**A**, **B** ou **C**).*

A Finn et Hannah, deux élèves allemands, et Laurent, un élève français, sont allés au marché. Finn et Hannah ont acheté de la moutarde, du pain d'épice, des jambons et des escargots pour leurs parents qui voulaient manger des spécialités[1] de la Bourgogne. ☐	**B** Finn et Hannah sont deux élèves allemands qui sont venus à Dijon. Ils sont allés aujourd'hui au marché avec Laurent. Ils ont regardé les animaux et ont acheté un coq pour le donner aux parents de Finn. ☐	**C** Deux élèves allemands, Finn et Hannah, sont allés sur la place du marché avec Laurent, un élève français. Finn a acheté de la moutarde pour ses parents et après, il a voulu aussi acheter une poule pour l'apporter en Allemagne. ☐

b *Ecoute le dialogue encore une fois et coche la bonne phrase.*

1. a) Laurent trouve que les marchés en France sont beaux.	☐	**4.** a) Les gens achètent des animaux sur le marché pour les mettre dans leur jardin.	☐
b) Finn trouve que les marchés en France sont trop chers.	☐	b) Les gens achètent des poules sur les marchés pour les manger après.	☐
c) Hannah trouve que les marchés en France sont bizarres.	☐	c) Les gens n'achètent pas de poules sur les marchés.	☐
2. a) Finn veut acheter des spécialités de la Bourgogne pour ses parents. 	☐	**5.** a) Hannah veut acheter deux poules à quinze euros.	☐
b) Hannah veut acheter de la moutarde pour ses parents. 	☐	b) Laurent va acheter une poule à douze euros.	☐
c) Laurent dit à Finn et à Hannah d'acheter des escargots. 	☐	c) Finn achète une poule à dix euros.	☐
3. a) Les trois jeunes regardent une belle poule blanche.	☐	**6.** a) Hannah dit qu'on va appeler Finn: «le garçon allemand qui aide les poules».	☐
b) Les trois jeunes regardent un beau coq blanc.	☐	b) «le garçon allemand qui aime les poules».	☐
c) Les trois jeunes regardent une belle poule noire.	☐	c) «le garçon allemand que les poules aiment».	☐

c *Finis les phrases.*

1. Hannah trouve que les marchés en France sont ________________ parce qu'________________________________ ______________________. **2.** Sur les marchés en France, on trouve aussi ______________________________ ________________________, des chapeaux[2], ____ et du fromage. **3.** Finn n'achète pas d'______________________ pour ses parents. **4.** Il achète ______________ ____ parce qu'il ne veut pas qu'on la mange. **5.** Il dit que si c'est un coq, ____ .

1 **une spécialité** [ynspesjalite] *hier:* eine Spezialität der Region – 2 **un chapeau, des chapeaux** [ɛ̃ʃapo, deʃapo] ein Hut, Hüte

2 Ça commence bien! → § 5

*Hannah est maintenant arrivée dans la famille française mais elle a eu de petits problèmes. Elle raconte à ses parents. Mets les verbes au **plus-que-parfait** et utilise les mots qui sont donnés.*

TIPP
Schau nochmals in deinem Grammatischen Beiheft nach wie man das ***„Plus-que-parfait"*** bildet!

1. Je n'avais pas de cadeau pour la famille parce que j'______________________________

____

oublier – le sac à dos

2. Je n'ai pas pu manger le soir parce que j'______________________________

____

trop manger – le pain d'épice

3. Je n'avais pas mes affaires parce que quelqu'un ______________________________

____

prendre – le sac à dos

4. Je suis arrivée trop tard au petit-déjeuner parce que j' ______________________________

____

avoir envie de rester – le lit

3 La visite au musée → § 5

*Julia raconte dans le journal de bord de la classe la visite au Musée de la Vie (im Historischen Museum) en Bourgogne. Mets les verbes de l'encadré à **l'imparfait**, au **passé composé** ou au **plus-que-parfait**.*

TIPP
Denke an die Reihenfolge des Geschehens auf dem Zeitstrahl:
Vorvergangenheit → Vergangenheit → Gegenwart!

1. On ____________ le Musée de la Vie en Bourgogne. **2.** On ____________	**visiter/voir**
comment les gens y[1] ____________ avant sur des photos. **3.** Puis, nous	**vivre**
____________ dans une salle dans laquelle il y ____________	**arriver/avoir**
plein de vêtements traditionnels[2]. **4.** Et là, Thomas a fait l'idiot[3]: il ____________	**prendre**
un grand chapeau[4] et il ____________. **5.** Mais Mme Fritz, qui ____________	**le mettre/voir**
qu'il ____________ le chapeau, ____________.	**prendre/vite arriver**
6. Alors, il ____________ dans une grande armoire[5] pour se cacher.	**entrer**
7. Mais voilà: quand il ____________ sortir de l'armoire dans laquelle	**vouloir**
il ____________, il ____________. **8.** Il ____________	**entrer/ne pas pouvoir/falloir**
aller chercher le gardien[6] qui ____________ content.	**ne pas être**
9. Il ____________ qu'il ____________ une classe	**dire/ne jamais voir**
comme nous et Thomas ____________ quitter le musée.	**devoir**

---

1 y [i] dort – **2 traditionnel, traditionnelle** [tʀadisjɔnɛl] traditionell – **3 faire l'idiot** [fɛʀlidjo] Quatsch machen – **4 un chapeau, des chapeaux** [ɛ̃ʃapo, deʃapo] ein Hut, Hüte – **5 une armoire** [ynaʀmwaʀ] ein Schrank – **4 un gardien (de musée)** [ɛ̃gaʀdjɛ̃(dəmyze)] ein (Museums-)Wärter

4 L'interview → § 6

TIPP
Schau die **Fragen** an, sie helfen dir bei der Wahl des richtigen Pronomens in der indirekten Frage!

*Dans les rues de Dijon, les élèves ont rencontré un journaliste qui leur a posé des questions. Les élèves racontent plus tard à Mme Fritz ce qu'il leur a demandé. Lis les questions et finis les phrases. Ajoute **ce qui, ce que** ou **ce qu'**.*

Le journaliste:
– Qu'est-ce qui vous plaît à Dijon?
– Qu'est-ce que vous avez visité?
– Qu'est-ce qui vous intéresse à Dijon?
– Qu'est-ce que vous avez aimé?

Le journaliste voulait savoir …
__________ nous plaît à Dijon.
__________ nous avons visité.
__________ nous intéresse à Dijon.
__________ on a aimé.

5 Qu'est-ce qu'on a fait à Dijon? → § 7

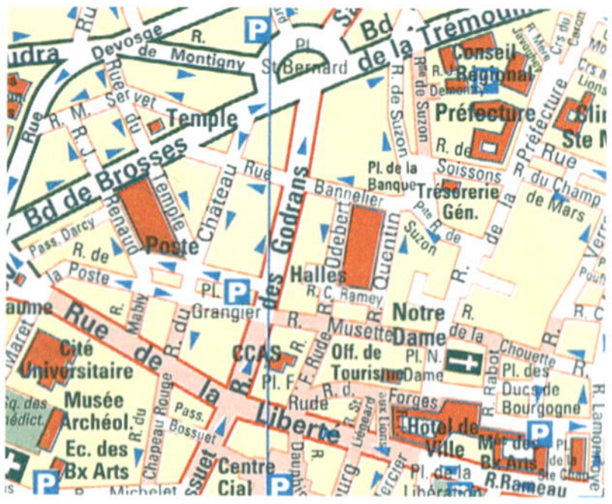

*Mia écrit le journal de bord mais elle ne sait pas bien relier ses phrases. Elle demande à Laurent de l'aider à les relier avec **dont**.*

Nous avons beaucoup marché dans Dijon. Nous avons beaucoup aimé les petites rues de Dijon. Nous avons beaucoup marché dans Dijon dont nous avons aimé les petites rues.

1. Nous sommes passés devant l'Eglise Notre-Dame. Mme Fritz nous avait déjà parlé de cette église.

____

2. Nous avons tous caressé plusieurs fois la petite chouette. Je vais me souvenir de cette petite chouette.

____

3. «Si vous voulez, je peux vous parler de la chouette. L'histoire de cette chouette est triste» a dit un monsieur.

____

6 On discute … → § 8

TIPP
Vergiss nicht, dass sich **„lequel"** nach dem Wort richtet, auf das es sich bezieht!

*Lis les phrases. Relie-les par des flèches: trouve la préposition **à/de + lequel/laquelle/lesquels/lesquelles/+ qui**.*

1. – Où est mon sac à dos …	**à qui**	… je mets mes affaires?
2. – Est-ce que tu as vu mon t-shirt …	**à côté duquel**	… il y a un gros escargot de Bourgogne?
3. – Tu as vu le garçon …	**auxquels**	… j'ai parlé hier?
4. – Voilà les photos …	**pendant laquelle**	… on voit Thomas avec le grand chapeau[1].
5. – Ça, c'est le musée …	**dans lequel**	… il y a une église.
6. – Tu te souviens de la visite au musée …	**sur lequel**	… Thomas a dormi dans un lit?
7. – Ce sont de bons souvenirs …	**sur lesquelles**	… je vais souvent penser!

1 un chapeau, des chapeaux [ʃapo, deʃapo] ein Hut, Hüte

7 On a cassé la petite chouette! → §§ 5, 6, 7, 8

TIPP
Lies erst den ganzen Text, evtl. sogar zweimal, bevor du die fehlenden Relativpronomen einfügst.

a *Lis l'article et mets les verbes aux* ***temps du passé*** *qu'il faut.*
Ajoute les ***pronoms relatifs*** *suivants.*

dont | **sous lesquelles** | **ce que** | **ce qui** | **sur lequel**

Scandale[1]: on a touché[2] à la petite chouette de l'église Notre-Dame de Dijon!

Dans la nuit du 5 janvier, une ou plusieurs personnes *(casser)* ont cassé la tête de la petite chouette __________ *(énerver)* __________ les Dijonnais[3]. Le matin, quand les premiers touristes *(arriver)* __________ devant le mur de l'église __________ il y a la petite chouette pour la caresser – __________ des millions de touristes font quand ils viennent à Dijon –, ils *(trouver)* __________ la tête de la petite chouette cassée. La police *(arriver)* __________ dix minutes plus tard car les touristes lui *(téléphoner)* __________. Mais pourquoi est-ce que des gens *(avoir envie)* __________ de casser la tête de la petite chouette? La police *(demander)* __________ aux gens qui *(voir)* __________ peut-être quelque chose de venir le dire. Les Dijonnais, qui *(être)* __________ toujours en colère hier, *(demander)* __________ à la police de faire quelque chose et maintenant, la petite chouette, __________ on *(refaire)* __________ la tête, est sous l'œil des caméras. La police a installé des caméras __________ la petite chouette peut maintenant dormir tranquille. Mais les personnes qui *(casser)* __________ la tête de la petite chouette courent toujours …

b *Maintenant on sait qui a cassé la petite chouette: A minuit, deux hommes* ***étaient entrés*** *dans …*
Continue. Les dessins vont te donner une idée. Ecris environ (ungefähr) 75 mots dans ton cahier.
Utilise les ***temps du passé*** *qu'il faut.*

1 **un scandale** [ɛ̃skɑ̃dal] ein Skandal – 2 **toucher à qc** [tuʃe] *hier:* etw. beschädigen – 3 **les Dijonnais** [ledіʒɔnɛ] die Einwohner von Dijon

8 Qu'est-ce qui ne va pas ensemble?

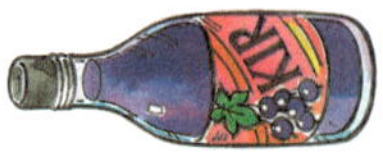

Mets les mots dans la bonne colonne.
Attention, il y a des mots de trop!

un péage **une pharmacie** **le cassoulet** **la moutarde**
une infirmerie **le sud** **un journal de bord** **un repas**
un voyage **une excursion** **une autoroute** **un hôpital**
les bonbons au cassis **une station-service** **une sieste** **le kir**

1. spécialités[1] de la Bourgogne	2. voyage de classe	3. sur une route	4. être malade
A toi: ajoute maintenant à chaque colonne au moins un mot (nom, adjectif ou verbe).			

9 On explique.

TIPP
Baue dir bei **idiomatischen Ausdrücken** bildliche „Eselsbrücken"

*Lis les explications et trouve les mots **(2.–5.)**.*
*Lis les mots et explique-les **(7.–9.)**.*
*Trouve **l'adjectif** correct **en allemand** pour les expressions **(10.+11.)**.*

1. On y[2] va après le collège: C'est le lycée.
2. C'est une grande voiture dans laquelle beaucoup de personnes peuvent monter quand elles veulent voyager: ______.
3. Il est en haut d'une maison: ______
4. On en[3] écrit quand on part en vacances: ______
5. Il fait cocorico: ______
6. Une excursion: c'est quand on part avec un groupe pour visiter quelque chose.
7. Une nuit blanche: ______
8. Une pharmacie: ______
9. Un programme lourd: ______
10. Une nuit blanche: ______
11. Un programme lourd: ______

1 une spécialité [ynspesjalite] *hier:* eine Spezialität der Region – **2 y** [i] dorthin – **3 en** [ã] davon

10 D'où[1] vient la petite chouette?

TIPP
Mache dir Notizen beim Lesen, achte dabei auf die **„W-Fragen"**: Wer?, Wann?, Wo?, Was?, Warum?

a *Lis le texte et choisis le bon titre.*

D'où vient la petite chouette qui est sur l'église Notre-Dame et dont une rue à côté de l'église porte le nom? On ne le sait pas exactement mais on raconte cette histoire …
On a construit l'église au XIIIe siècle. Un jour, l'architecte qui travaillait dans l'église a trouvé une petite chouette qui était tombée. Il a d'abord pensé qu'elle était morte mais il a vite vu qu'elle bougeait encore. Comme il ne pouvait pas la laisser mourir[2], il a ramassé la petite chouette. Il a décidé de la soigner et une semaine après, la petite chouette pouvait voler[3]. L'architecte a alors pensé que la petite chouette allait partir ce qu'elle n'a pas fait. Elle est restée avec lui. Le jour, elle était sur le toit de l'église sur lequel elle dormait. La nuit, elle travaillait: elle allait chercher des plantes[4] qu'elle posait sur la table de l'architecte. Un cadeau? L'architecte a eu alors une idée: il a pris les plantes et il a dessiné ces plantes pour en faire des décorations[5]. Mais malheureusement, la petite chouette travaillait trop. Et un jour, quand l'architecte est arrivé, elle était morte sur sa table. Il a été très triste parce qu'il aimait bien la petite chouette.
Et voilà pourquoi il a fait cette sculpture[6] de la petite chouette qui est aujourd'hui sur le mur de l'église Notre-Dame et qui est le symbole de l'amitié[7].

1. L'architecte qui a aidé la petite chouette.	☐
2. Une chouette à Dijon.	☐
3. L'histoire de la petite chouette de l'église Notre-Dame de Dijon.	☐

b *Vrai ou faux? Coche.*

	vrai	faux
1. On ne sait pas vraiment pourquoi il y a une chouette sur l'église.	☐	☐
2. C'est l'architecte qui a trouvé la petite chouette.	☐	☐
3. L'architecte a soigné la petite chouette et elle est partie.	☐	☐
4. La petite chouette allait chercher des plantes pour l'église.	☐	☐
5. La petite chouette a donné à l'architecte des plantes qu'elle allait chercher.	☐	☐
6. Un jour, la petite chouette est partie.	☐	☐
7. La petite chouette est morte parce qu'elle était malade.	☐	☐

c *Entoure les adjectifs qui décrivent l'architecte et souligne ceux (diejenigen) qui décrivent la petite chouette.*

bête • beau, belle • bizarre • calme • content(e) • cordial(e) • dangereux, dangereuse • dingue • différent(e) • drôle • dur(e) • fatigué(e) • fou, folle • froid(e) • génial(e) • gentil, gentille • gros, grosse • jaloux, jalouse • joli(e) • mauvais(e) • nul, nulle • pauvre • petit(e) • seul(e) • super • sympa • triste • vieux, vieille

d *Réponds aux questions. Tu peux d'abord relire le texte si nécessaire.*

1. Pourquoi est-ce que la petite chouette a apporté des plantes à l'architecte?

____

2. Pourquoi est-ce que la petite chouette est morte?

____

3. Pourquoi est-ce que la petite chouette est devenue un porte-bonheur?

____

1 d'où [du] woher – **2 laisser mourir qn** [lesemuʀiʀ] jdn. sterben lassen – **3 voler** [vɔle] *hier:* fliegen – **4 une plante** [ynplɑ̃t] eine Pflanze – **5 une décoration** [yndekɔʀasjɔ̃] *hier:* eine Verzierung – **6 une sculpture** [ynskyltyʀ] eine Skulptur – **7 l'amitié** *(f.)* [lamitje] die Freundschaft

11 Communiquer et écrire: Au musée archéologique de Dijon

Tu es avec les élèves français au musée archéologique de Dijon et vous attendez le guide pour une visite. Un Allemand qui ne parle pas français arrive. Tu fais l'interprète.

TIPP
Denke bei ***„archéologie"*** und ***„archéologique"*** wie es auf Deutsch heißt!

Un monsieur: Sagt mal, ich höre, ihr seid Deutsche. Könnt ihr mir bitte helfen? Ich komme nicht klar mit dem Mann am Schalter *(= le caissier*[1]*)*. Er spricht kein Deutsch und mein Französisch ist miserabel.
Ton copain français: Qu'est-ce qu'il dit?

1. *Toi au copain:* ______________________________

Toi au monsieur: Ich kann gern helfen. Was soll ich den Kassierer fragen?
Le monsieur: Gibt es hier einen Führer, der Deutsch spricht? Meine Familie und ich würden gern dieses Museum besuchen.

2. *Toi au caissier:* ______________________________

____

Le caissier: Non, nous n'avons pas de guide qui parle allemand mais nous avons des audioguides[2].

3. *Toi:* ______________________________

Le monsieur: Super! Was wird denn hier ausgestellt?

4. *Toi:* ______________________________

Le caissier: On montre des objets de la Préhistoire[3] au Moyen Age, ce que nous avons de plus beau par exemple, ce sont des bijoux[4], des assiettes. Il y a beaucoup de choses à visiter, notre musée est sur deux étages. Il y a aussi des activités pour les enfants, si le monsieur veut venir avec sa famille.

5. *Toi:* ______________________________

____

Le monsieur: Das hört sich aber interessant an! Was für Aktivitäten für Kinder bieten sie denn an?

6. *Toi:* ______________________________

Le caissier: C'est pour les enfants entre 8 et 12 ans. Il y a trois personnes qui restent avec les enfants et ils font de la peinture[5], des dessins pour leur montrer ce que c'est l'archéologie. En plus, c'est gratuit et ce n'est pas grave si les enfants ne parlent pas le français. On va bien se comprendre!

7. *Toi:* ______________________________

____

Le monsieur: Wunderbar! Dann hole ich jetzt meine fünf Kinder. Ich danke dir vielmals für das Dolmetschen. Auf Wiedersehen!

8. *Toi:* ______________________________

____

Le caissier: Ben alors pour lui avec ses cinq enfants, ça vaut le coup[6]!

1 un caissier, une caissière [ɛ̃kɛsje,ynkɛsjɛʀ] ein Kassierer, eine Kassiererin – **2 un audioguide** [ɛ̃nodjogid] ein elektronischer, tragbarer Museumsführer *(Abspielgerät mit Kopfhörer)* – **3 la Préhistoire** [lapʀeistwaʀ] die Steinzeit – **4 un bijou, des bijoux** [ɛ̃biʒu,debiʒu] ein Schmuckstück, Schmuck – **5 faire de la peinture** [fɛʀdəlapɛ̃tyʀ] malen – **6 ça vaut le coup** [savolku] das lohnt sich

12 Rendre en allemand: Mon corres arrive.

Ton corres de Dijon t'a laissé un message sur ton répondeur (Anrufbeantworter). Tes parents, qui ne comprennent pas le français, te posent des questions sur ce qu'il a dit. Ecoute le texte et prends des notes (Wann kommt er? Wie lange bleibt er? Was will er hier machen? ...). Puis résume-le en allemand.

TIPP
Lies dir nochmals die Hinweise zum Aufgabentyp ***„Rendre en allemand"*** auf S. 11 durch. Diese Aufgabe hier geht zwar nicht von einem Lesetext, sondern von einem **Hörtext** aus, aber du kannst ähnlich vorgehen. Auf der CD findest Kriterien, wie die Leistung einer solchen Aufgabe beurteilt wird.

13 Rendre en allemand: Le palais des ducs de Bourgogne

Voici un texte sur le palais des ducs. Lis-le et prends des notes. (Wo ist das Palais des ducs?/Wer hat es bauen lassen?/ Was war es genau? ...) Puis résume en allemand ce que le texte explique.

TIPP
Versuche unbekannte Wörter von anderen Sprachen abzuleiten (***ruines*** → **Ruinen**) oder von der Wortfamilie herzuleiten (***les invités*** → ***inviter***).

Le palais des ducs de Bourgogne est au centre-ville de Dijon. C'est un grand groupe de bâtiments[1] dont les parties sont: le palais du XIVe siècle qui a des chambres, des cuisines et deux tours; d'autres bâtiments construits au XVIIe et XVIIIe siècle et un musée du XIXe siècle. Les ducs de Bourgogne habitaient dans ce palais. C'est le premier duc de Bourgogne, Philippe le Hardi[2], qui l'a fait construire en 1365 sur les ruines d'un vieux château[3]. Dans le palais, on peut visiter les grandes salles où les ducs recevaient leurs invités, les salles des soldats, les tours, les tombeaux[4] des ducs et les cuisines dans lesquelles trente cuisiniers pouvaient travailler. Aujourd'hui, le palais des ducs est l'Hôtel de Ville et les cuisines sont la salle des fêtes. Il y a aussi un musée: le musée des Beaux-Arts[5]. Les Dijonnais[6] aiment beaucoup leur palais et viennent souvent se promener là-bas en famille ou avec des amis.

Philippe le Hardi

1 un bâtiment [ɛ̃bɑtimɑ̃] ein Gebäude – **2 Philippe le Hardi** [filipləaʀdi] Philipp der Kühne (1342–1404) – **3 un château, des châteaux** [ɛ̃ʃato, deʃato] ein Schloss, Schlösser – **4 un tombeau, des tombeaux** [ɛ̃tõbo, detõbo] ein Grab(mal), Gräber/ Grabmale – **5 le Musée des Beaux-Arts** [ləmyzedebozaʀ] das Museum der Schönen Künste – **6 les Dijonnais** [ledіʒɔnɛ] die Einwohner von Dijon

1 Ecouter: Olivier raconte …

TIPP
„Entdecke" Wörter, die du nicht auf Anhieb verstehst: Schreibe Sie nach dem Gehör auf. Anschließend kannst du versuchen, sie über das Schriftbild einzuordnen.

2 Punkte

Hörtext erfassen und Resümees lesen

a *Olivier est à table avec ses parents. Ecoute le texte. Qu'est-ce qui est correct? Coche (**A**, **B** ou **C**).*

A Olivier a fait un voyage chez son corres à Mayence. Il raconte à ses parents qu'il a visité beaucoup de choses mais il n'a pas aimé les spécialités[1]. ☐

B Olivier a fait un voyage de classe à Mayence avec sa classe. Il raconte à ses parents ce qu'il a vu et mangé à Mayence. ☐

C Olivier va partir faire un voyage de classe à Mayence. Il parle de ce qu'il va visiter à Mayence. ☐

3 Punkte

1/2 Punkt pro Antwort

b *Ecoute le texte encore une fois. Vrai, faux ou on ne sait pas? Coche.*

	vrai	faux	on ne sait pas
1. Olivier trouve que Mayence est génial, surtout les vieilles maisons et les restaurants.	☐	☐	☐
2. Il n'a pas aimé les spécialités comme la *Fleischwurst*.	☐	☐	☐
3. Il a visité le musée Gutenberg, la cathédrale Saint-Martin et une fabrique[2] de *Sekt*.	☐	☐	☐
4. La cathédrale était pleine de touristes.	☐	☐	☐
5. Il a acheté des cadeaux pour ses parents.	☐	☐	☐
6. Il veut revenir encore une fois chez son corres.	☐	☐	☐

3 Punkte

1 Punkt pro Antwort

c *Réponds aux questions par des phrases complètes.*

1. Est-ce que les parents d'Olivier sont déjà venus à Mayence?

____

____

2. Pourquoi est-ce que le père d'Olivier lui dit:
«Olivier, tu fais tout ce qu'il ne faut pas faire.»

____

____

3. Qu'est-ce qu'Olivier a apporté à ses parents de son voyage?

____

____

Cathédrale Saint-Martin de Mayence

1 **une spécialité** [ynspesjalite] *hier:* eine Spezialität der Region – 2 **une fabrique** [ynfabʀik] eine Fabrik (*hier:* eine Sektkellerei)

2 Lire: Journal de bord de Bourgogne

6 Punkte

1 Punkt fürs Lesen des Textes
1 Punkt pro Antwort

a *Une classe fait une excursion. Lis le texte.*
Puis complète les phrases en dessous (unterhalb) du texte.

! de

Dijon, 15 octobre
Aujourd'hui, nous avons fait une excursion en car super intéressante!
Nous avons visité un château[1], le château du Chastenay. Dans ce château, on raconte qu'il se passe des choses bizarres … Avant d'arriver au château, nous avons dû marcher longtemps à pied dans la forêt parce que la prof avait proposé de faire un pique-nique et après, la visite. Il faisait super beau. On a bien rigolé parce qu'il y avait des élèves qui voulaient faire la sieste après le pique-nique. Bien sûr, les profs n'ont pas voulu. On est partis et après, on est arrivés au château. La prof nous avait beaucoup parlé de ce château. Il y avait un monsieur qui nous attendait pour nous montrer le château. Il nous a raconté l'histoire de ce château. Cette histoire nous a bien plu. Alors voilà: on a construit le château en 1359. Sous ce château, il y a des grottes[2]. Mais, problème: elles étaient pleines d'eau! Alors nos pauvres pieds … Après, on a visité les salles. Il y a une famille qui habite au château (ça doit être bizarre de vivre dans un château!). Et enfin, le monsieur nous a parlé des choses bizarres qui se passent au château: la nuit on entend des voix[3] et on ne sait pas d'où[4] ça vient! Il nous a demandé si on voulait passer une nuit ici mais nous, on a dit non! Brrr … On était contents quand on est partis et quand on est arrivés à Dijon! Mais après, on a pensé: pourquoi ne pas dormir une fois dans un château??
Julia

1. Le château du Chastenay est un château ______
2. Pour arriver au château, il faut ______
3. Un monsieur ______
4. Les grottes sous le château sont ______
5. Ce qui est bizarre au château, c'est ______

6 Punkte

1,5 Punkte pro Antwort

b *Relie les phrases qui sont soulignées dans le texte par un* ***pronom relatif****.*

1. ______
2. ______
3. ______
4. ______

3 Ecrire: Notre nuit au château

10 Punkte

5 Punkte pro Bild

Imagine une nuit au château. Décris les dessins dans ton cahier (environ 100 mots).
Utilise ***les temps du passé****.*

①

②

1 **un château** [ɛ̃ʃato] ein Schloss – 2 **une grotte** [yngʀɔt] eine Höhle – 3 **une voix** [ynvwa] eine Stimme – 4 **d'où** [du] woher

LEÇON 3 Un clown au collège

1 Simone, une fille pas comme les autres

TIPP
Diese Hörverstehensübung hat vier Stufen (Teilaufgabe a–d), bei denen du immer genauer hinhören musst. Wenn du dich unsicher fühlst, kannst du vor der 3. Stufe (c) noch einen dritten Hördurchgang einschalten. Vergiss nicht, **vor** dem Hören die Aufgaben durchzulesen.

a *Ecoute ce que Simone dit sur «Radio Ados». Puis complète la phrase.*

Simone est une fille pas comme les autres parce qu'elle …

____.

b *Maintenant, écoute le CD une deuxième fois et coche la bonne colonne.*

	son rêve	la réalité[1]	pas dans le texte
1. Donner beaucoup de concerts, c'est …	☐	☐	☐
2. Etre une très grande star, c'est …	☐	☐	☐
3. Etre à la télé, c'est …	☐	☐	☐
4. Etre chanteuse, c'est …	☐	☐	☐
5. Faire un CD, c'est …	☐	☐	☐

c *Ecoute le texte encore une fois si nécessaire (wenn nötig). Coche la bonne réponse.*

1. Simone a
a) 15 ans. ☐
b) 16 ans. ☐
c) 17 ans. ☐

2. Elle a d'abord
a) joué de la guitare, puis du piano. ☐
b) joué du piano, puis de la guitare. ☐
c) chanté, puis joué du piano. ☐

3. Elle a d'abord joué
a) de la musique rock. ☐
b) de la musique jazz. ☐
c) de la musique classique.[2] ☐

4. Avec son premier groupe, ils faisaient
a) de la musique dans un garage. ☐
b) de la musique au collège. ☐
c) de la musique dans une cave. ☐

5. Son premier concert, c'était
a) à la télé. ☐
b) au collège. ☐
c) dans la rue. ☐

6. Sur Internet, on peut regarder un petit film
a) sur Simone. ☐
b) sur la journée de Simone au collège. ☐
c) sur les musciens de son groupe. ☐

7. Quand Simone est sur scène[3], elle
a) a peur. ☐
b) est heureuse. ☐
c) rêve d'être actrice dans un film. ☐

8. Simone n'aime pas
a) l'école. ☐
b) les maths. ☐
c) les devoirs. ☐

9. Simone va au collège
a) sauf quand il y a des concerts. ☐
b) mais ne doit pas faire les interros. ☐
c) comme tous les autres élèves. ☐

10. Le soir, Simone
a) fait ses devoirs de maths. ☐
b) retrouve ses copines. ☐
c) joue de la guitare. ☐

d *Ecris la phrase que la prof de maths dit à Simone.* «Simone, ______________________________

____.»

1 la réalité [laʀealite] die Realität – **2 la musique classique** [lamyziklasik] die klassische Musik – **3 sur scène** *(f.)* [syʀsɛn] auf der Bühne

2 En ville → §§ 9, 10

Mets l'adjectif ou l'adverbe dans sa forme correcte.

1. – Vous pouvez choisir (libre) ______________________, l'entrée est (gratuit) ______________. – Oh, j'aime (bon) __________ ces pulls! – Oui, mais ils sont (drôle) ____________________ chers!

2. – Tu es (triste) ____________? – Oui, ça va (mauvais) __________, je suis très (malheureux) ____________________. – Ecoute, on va en[1] parler (tranquille) __________________, et je suis (sûr) ________ que tu vas (facile) ______________ retrouver le moral.

3. – Marc est très (timide) ____________, mais il est (fou) ____________ amoureux de Nadia. – (Malheureux) ______________, elle ne le regarde même pas. – C'est (vrai) __________________ bête, je sais qu'elle est une (bon) ____________ copine pour lui.

3 Après le match → §§ 11, 12

*Après le match de foot, l'entraîneur (der Trainer) parle aux garçons. Lis les éléments et fais des phrases. Mets les adverbes à la bonne place et transforme les adjectifs en adverbe s'il le faut. Utilise **le comparatif** (+ ou –) et **le superlatif** (++ ou – –) de **l'adverbe**.*

1. les autres ont pris le ballon/nous/aujourd'hui/+ facile **2.** il faut courir/possible/toujours/++ vite **3.** toi, Karim, tu as joué/la dernière fois/encore/– bon **4.** et toi, Nic, tu as joué/tes nouvelles chaussures ne sont pas/bizarre/bon **5.** Je sais que les autres sont très/il faut réussir à avoir le ballon/alors/fort/+ souvent **6.** vous n'avez/jamais attaqué[2]/à la fin/pratique **7.** il faut leur laisser[3] le ballon/possible/– – souvent **8.** nous allons nous présenter/demain/+ bon

____

____

____

____

____

____

____

____

1 **en** [ɑ̃] darüber – 2 **attaquer** [atake] angreifen – 3 **laisser** [lese] (über-)lassen

4 Un accident → § 13

Dans la rue, il y a eu un accident entre une voiture et un autobus.
Les policiers arrivent et posent des questions aux gens.

TIPP
Denk daran, dass du manchmal ein **„t"** **mit Bindestrichen** einschieben musst: in der **3. Person Singular**, wenn die Verbform auf **„-e"** oder **„-a"** endet.

Ecris les questions qui vont avec les réponses. Pour les questions, utilise ***l'inversion****. Les éléments bleus dans les réponses vont t'aider.*

1. – ______________________, madame?	– Oui, j'ai appelé la police.
2. – ______________________ ______________________?	– Quand l'accident s'est passé, moi, j'étais là, devant la librairie.
3. – Et vous, monsieur, ______________________?	– Oui, je suis le conducteur de la Peugeot.
4. – ______________________?	– Non, désolé[1], je n'ai pas vu le bus.
5. – ______________________?	– Oui, c'est un bus de la ligne 26.
6. – Ce bus, ______________________?	– Il a voulu aller à la gare.
7. – ______________________?	– Normalement, il y[2] arrive à 13 h 25.
8. – Le conducteur, ______________________ le feu rouge[3]?	– Je ne sais pas si le conducteur a respecté le feu rouge.
9. – Et toi, mon petit, ______________________ ______________________?	– Non, je n'ai pas vu l'accident, mais je l'ai entendu.
10. – Chef, ______________________ tous les gens qui sont ici?	– Oui, bien sûr, il faut interroger[4] tous les gens qui sont ici.
11. – Vous et moi, chef, ______________________ ______________________?	– Oui, nous allons poser les mêmes questions à tous les gens.
12. – Mais ______________________ ______________________?	– Non, ils ne vont pas dire la même chose, chacun a vu l'accident différemment!

1 désolé(e) [dezɔle] leider – **2 y** [i] dort – **3 un feu rouge** [ɛ̃føʀuʒ] eine Verkehrsampel – **4 interroger qn** [ɛ̃tɛʀɔʒe] jdn. befragen

5 Lundi matin → § 14

TIPP
Achte bei den **reflexiven Verben** im *Passé composé* besonders auf die **Angleichung des *Participe passé*.**

Lundi matin, dans la cour du collège, deux filles parlent de leur week-end.

*Complète le texte avec les formes correctes des **verbes pronominaux** de la liste. Mets les temps corrects.*

1. bien s'amuser – 2. se sentir/se lever – 3. s'occuper/se trouver/se promener – 4. se balader – 5. se moquer

1. – Alors, tu ______________________ pendant le week-end? **2.** – Oh, tu sais, samedi soir, je ______________________ très mal, je suis allée au lit tôt et dimanche matin, je ______________________ très tard. **3.** – Et puis, ton dimanche était meilleur que le samedi? – Oui et non. Dimanche, mes parents ______________________ de ma grand-mère qui ______________________ encore à l'hôpital. Et moi, j'étais libre et j'ai rencontré Philippe. Nous ______________________ un peu au bord de la Seine. **4.** – Quoi? Tu ______________________ avec Philippe? **5.** – Oui, mais ce n'est pas ce que tu penses. Il ______________________ de moi …

6 Un petit sondage → § 15

TIPP
Achte bei den **Bruchzahlen** besonders darauf, ob du den Singular oder den Plural des Verbs benutzen musst, z. B.: *la moitié … **est** … / les trois quarts … **sont** …*

*Dans la 3e B, il y a 30 élèves. Ils ont fait un petit sondage dans la classe dont voici les résultats. Fais des phrases. Utilise **les fractions**.*

phrases avec des fractions	les questions	oui	non*
1 La moitié des élèves (un élève sur deux) fait du sport.	Fais-tu du sport?	15	15
2 ______________________	As-tu un petit job?	5	25
3 ______________________	Travailles-tu pour l'école, le dimanche?	20	10
4 ______________________	As-tu déjà des projets de vacances?	10	20
5 ______________________	Passes-tu le samedi soir … en famille? avec des copains?	 8 15	 – –
	ensemble: 30 élèves		

* **ou ne se prononce pas** (oder äußern sich nicht)

7 Le jeu des intrus

D'abord, cherche l'intrus et coche-le. Puis donne pour chaque colonne un titre (ein Nomen als Oberbegriff) sur la ligne.

1. heureux	☐	**3.** le laboratoire	☐	**5.** un quart	☐
pauvre	☐	le procès-verbal	☐	une moitié	☐
malheureux	☐	l'infirmerie	☐	un dixième	☐
triste	☐	la rentrée	☐	une foule	☐
la catastrophe		____________		____________	
2. calme	☐	**4.** le résultat	☐	**6.** un sourire	☐
tranquille	☐	le singe	☐	un Algérien	☐
s'endormir	☐	le numéro	☐	un Arabe	☐
rapide	☐	le clown	☐	un Belge	☐
____________		____________		____________	

8 T'es fort(e) en vocabulaire?

Lis les explications/définitions. Puis trouve les synonymes/les mots qu'elles expliquent.

TIPP
Wenn du die Übungen 7 und 8 bearbeitest, hast du die Vokabeln für die Klassenarbeit gut geübt und schon viel erreicht. Wenn du ganz sicher sein willst, übe zusätzlich noch im **Découvertes 3 Vokabellernheft** die Seiten 18–24.

Explication/Définition	Synonyme/Mot
1. Je m'en moque, cela m'est égal. En langue familière, c'est …	____________
2. En chiffres, c'est «1 000 000»; en toutes lettres[1], c'est …	____________
3. On le dit pour une personne qui a un peu peur de parler avec les autres.	____________
4. très content(e)	____________
5. Le TGV va très vite, alors il est vraiment …	____________
6. triste	____________
7. L'histoire-géo, c'est une … à l'école.	____________
8. En France, le premier jour d'école, après les vacances d'été, c'est …	____________
9. faire un voyage	____________
10. Au collège, quand un élève est malade, il va à …	____________
11. préférer	____________
12. Divisé[2] en trois parties égales (= 33,3), c'est …	____________

1 en toutes lettres [ɑ̃tutlɛtʀ] in Worten – **2 divisé(e)** [divize] aufgeteilt

9 Interview avec un contrôleur

TIPP
Weil du bei diesem Aufgabentyp wieder Textverständnis, Grammatik und Vokabeln im Zusammenhang berücksichtigen musst, ist es sinnvoll, wenn du dir vor der Übung noch einmal die Grammatik (Inversionsfragen, Bruchzahlen) und den neuen Wortschatz ansiehst, z. B. im **Découvertes 3 Trainingsbuch** die Seiten 32–44.

a *Lis d'abord les questions de l'interview et note un mot-clé ou une expression pour chaque question. Après, lis le texte, puis coche la/les bonne(s) phrase(s).*

mot-clé/expression

1. – Monsieur, vous êtes contrôleur dans un autobus. Trouvez-vous que c'est un métier intéressant? **1.** ____________

– Oui, absolument. On rencontre beaucoup de gens. Chaque jour, c'est un travail nouveau.

2. – Ne connaissez-vous pas les gens qui sont dans le bus? **2.** ____________

– Il y a des gens qui prennent le même bus tous les jours pour aller au travail, alors là, on se connaît, on discute un peu, mais ici, c'est la ligne qui va au centre-ville, alors les trois quarts des gens sont des touristes.

3. – Ne devez-vous pas vous lever très tôt le matin? **3.** ____________

– C'est vrai, un retard, ce n'est pas possible pour un conducteur de bus. Mais ce n'est pas un problème pour moi.

4. – Vous demandez aux gens de vous montrer leur ticket, c'est normal, parce que vous êtes contrôleur. Mais pourquoi ne contrôle-t-on pas tout le monde? Pourquoi regarde-t-on seulement les tickets de certaines[1] personnes? **4.** ____________

– Ah, je peux vous expliquer. Mon travail, c'est de chercher les personnes qui voyagent sans ticket. Ça fait environ[2] un dixième des personnes. Mais je ne peux pas contrôler tout le monde parce qu'il n'y a pas assez de temps entre les arrêts.

5. – Comment faites-vous alors pour trouver ces 10 % qui n'ont pas de ticket? **5.** ____________

– Tous les jours, je change mon système de contrôle. Un jour, je contrôle tous les jeunes, un autre jour, je contrôle seulement les touristes, puis, le jour suivant, je compte et je demande le ticket à une personne sur cinq, ou bien je regarde tous les tickets des gens que je connais. Ou les dames et les filles, et pas les garçons. Ou le contraire. Mon système, c'est de ne pas avoir de système.

6. – Faut-il vraiment être si compliqué? **6.** ____________

– Mais oui. Je ne peux pas contrôler toujours les mêmes personnes. Parce que là, les gens vont me dire: «Alors, monsieur, vous m'avez déjà contrôlé mille fois, pourquoi pas les autres? Ou bien on contrôle tout le monde, ou bien personne!» Moi, je veux faire mon travail sans avoir de problèmes. Je ne veux pas que les gens se mettent en colère[3]. Mais je sais qu'il y a d'autres contrôleurs …

1. Le contrôleur a) dit qu'il est nouveau dans ce métier. ☐ b) aime son métier. ☐ c) cherche un nouveau travail. ☐	**4.** D'un arrêt à l'autre, a) il doit contrôler tout le monde. ☐ b) il doit contrôler 10 % des personnes. ☐ c) il ne peut pas contrôler tout le monde. ☐
2. Il doit se lever tôt le matin, a) et c'est un problème pour lui. ☐ b) un retard, ce n'est pas possible dans ce métier. ☐ c) mais ce n'est pas un problème pour lui. ☐	**5.** Son système, c'est: a) contrôler toujours les mêmes personnes. ☐ b) ne jamais contrôler la même personne deux fois. ☐ c) avoir un système différent chaque jour. ☐
3. Dans son bus, il rencontre a) des touristes. ☐ b) des gens qui vont au travail. ☐ c) des marchands qui vont au marché. ☐	**6.** Il dit que/qu' a) souvent, les gens sont en colère contre lui. ☐ b) il n'a pas de problème avec son travail. ☐ c) tous les autres contrôleurs font comme lui. ☐

b *Imagine comment un des autres contrôleurs dont on parle dans l'interview fait son travail. Décris une situation en environ 100 mots dans ton cahier. Utilise l'inversion où c'est possible.*

---

1 **certains, certaines** [sɛʀtɛ̃, sɛʀtɛn] gewisse, bestimmte – 2 **environ** [ɑ̃viʀɔ̃] ungefähr – 3 **se mettre en colère** [səmɛtʀɑ̃kɔlɛʀ] wütend werden

10 Communiquer et écrire: «Le football, c'est ma vie!»

Tu es à Paris avec ton copain allemand qui ne parle pas français. A l'arrêt du bus, vous avez fait la connaissance d'un jeune qui a une vie très intéressante … Tu fais l'interprète pour ton copain et le jeune.

TIPP
- Denk wieder daran, dass du **sinngemäß** zusammenfassen musst.
- Bei einem unbekannten Wort kann dir wieder eine andere Sprache helfen!

Ton copain allemand à toi: Meinst du, er kommt aus dem Senegal? Sein T-Shirt lässt es vermuten. Frag ihn mal, woher er kommt und was er macht.

1. *Toi au jeune:* ______________________________

____

Le jeune: Oui, je viens du Sénégal, en Afrique, et je suis footballeur mais maintenant, je vis à Paris. Vous voulez en savoir plus, comment je vivais là-bas, par exemple?

2. *Toi au jeune:* Ah oui, ça serait[1] intéressant! … *Toi au copain allemand:*

____

Le jeune: Bon ben, au Sénégal, je vivais dans un petit village à la campagne. Tous les garçons jouaient au football sur la place du village. Tous les jours, on formait des équipes et on s'entraînait. Bien sûr, on adorait Zidane et les autres stars du football. Nous rêvions tous d'aller en France ou en Allemagne et de devenir une grande star du football.

3. *Toi:* ______________________________

____

____

Ton copain: Na ja, das haben wir auch gemacht, aber wir sind nicht gleich Fußballer geworden, wir gehen doch ganz normal zur Schule … Wie kam es denn, dass er Fußballer geworden ist?

4. *Toi:* ______________________________

Le jeune: Eh bien, c'était par hasard[2]! … Un jour, un homme est venu au village et il nous a regardés. Puis, il a choisi deux garçons, mon ami et moi. Il a parlé avec nos parents, ils ont longuement discuté. Enfin, mes parents étaient d'accord. Deux mois plus tard, nous avons fait le long voyage en France, avec beaucoup d'autres garçons …

5. *Toi:* ______________________________

____

____

Ton copain: Und wo und wie lebt er jetzt? Ganz alleine in Paris? Das ist doch kaum möglich! Und geht er eigentlich gar nicht zur Schule?

6. *Toi:* ______________________________

Le jeune: J'habite dans un internat avec les autres garçons. Il y a des moniteurs qui s'occupent de nous. L'école? Je vais au collège, bien sûr. Vous savez, le football, c'est ma vie, mais souvent le soir, je pense à ma famille et je me sens seul …

7. *Toi:* ______________________________

____

1 ça serait [sasəʀɛ] das wäre – **2 par hasard** [paʀazaʀ] zufällig/durch Zufall

11 Rendre en allemand: Le blog de Kadija

Sur Internet, tu as trouvé le blog d'une jeune fille beur qui t'intéresse. Tu veux parler d'elle dans ton propre (eigenen) blog. Alors, tu résumes le texte ***en allemand*** *(dans ton cahier).*

TIPP
Du kannst den Text zunächst in 2 Etappen bearbeiten: Linie 1–12, am nächsten Tag Linie 13–26. Probiere, den Text am dritten Tag „am Stück" wiederzugeben.

Salut, tout le monde! **Jeudi, 17 novembre, 18:43**

Voilà! Je commence mon premier blog! Je vais vous écrire tous les jours pour vous raconter les petites choses qui m'arrivent et pour discuter avec vous. Vous pouvez donner des réponses ou des commentaires, c'est très facile! Mais vous voulez savoir qui je suis? D'accord, je vais me présenter: je m'appelle Kadija, j'ai 15 ans. Regardez ma photo: je suis une vraie beurette. Ma famille vient de la Kabylie, c'est une région dans le nord de l'Algérie. Je sais que vous allez dire que, «comme une vraie beur», elle vit en banlieue, avec tous les autres beurs … Eh bien, c'est vrai! Mais si vous pensez que c'est triste là où j'habite, eh bien non, ça, ce n'est pas vrai! Il y a des jeunes très sympas ici, et on peut faire beaucoup de choses: aller au cinéma, faire du sport, se retrouver dans un joli petit café, faire des cours de danse, de musique, de théâtre … Moi, je suis dans un groupe de musique hip-hop.

Je sais aussi que vous allez dire que, «comme une vraie beur», elle parle peut-être mal le français. Eh bien, encore non! Même si je parle kabyle, une langue berbère[1], à la maison, je suis la meilleure de ma classe en français, et comme tous les autres, je me sens 100 % française! Et mes frères et sœurs aussi, ils sont complètement français, nous sommes tous nés ici, en France, nous connaissons l'Algérie seulement comme un pays de vacances. Mais pourtant, dans la famille, on respecte les traditions musulmanes. C'est très important pour nous mais ça pose souvent des problèmes car mon père ne me permet[2] pas de sortir avec mes copines le samedi soir … et mon grand frère a le «devoir» de me surveiller[3]! Il est journaliste et fait des reportages pour la télé. Je trouve que c'est un beau métier, plus tard, je vais peut-être faire la même chose, j'aime bien écrire, je vais donc chercher un métier où je peux écrire des textes, des articles etc. Je vais peut-être faire des reportages sur les gens qui comme moi ont deux cultures.

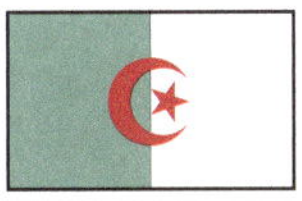

Je commence par ce blog, voilà. Moi, j'aime bien avoir deux cultures. Et vous? Qu'est-ce que vous en pensez? Ecrivez-moi. Une discussion va vite commencer dans ce blog. Kadija

12 Ecrire: Je suis blogueur!

Relis le texte de l'exercice 11, puis écris dans le blog de Kadija: parle de toi, de ce que tu aimes, de ce que tu fais. Peut-être que tu as aussi deux cultures? Sinon (Wenn nicht), imagine que tu vives dans deux cultures. Parle de tes expériences (Erfahrungen).

1 *Berbersprachen werden in Teilen Nordafrikas gesprochen* – 2 **permettre qc** [pɛʀmɛtʀ] etw. erlauben – 3 **surveiller qn** [syʀveje] jdn. überwachen

13 Punkte

1 Ecouter: Mon quartier

a-Teil: 1 Punkt

a *Une jeune fille parle de son quartier. Ecoute le CD une fois, puis coche la photo (à droite) qui va le mieux avec ce que tu as entendu (① ou ②).*

① 

☐

② 
☐

b-Teil: 12 Punkte

b *Maintenant, écoute le CD une deuxième fois et coche la bonne réponse (**1.+2.**), puis réponds aux questions en phrases complètes (**3.– 8.**).*

1. C'est un quartier
a) arabe. ☐
b) avec beaucoup d'étrangers. ☐
c) avec peu d'étrangers. ☐

2. La jeune fille
a) aime la vie dans son quartier. ☐
b) aime son quartier, mais pas les étrangers. ☐
c) aime son quartier, mais pas ses voisins. ☐

3. Quand on se promène dans les rues, on voit tout de suite que ce n'est pas un quartier comme les autres. Pourquoi?

____

____

4. Pourquoi est-ce que la jeune fille aime aller au restaurant dans ce quartier?

____

____

____

____

5. Est-ce que beaucoup de touristes viennent déjà dans ce quartier?

____

6. Que se passe-t-il, le samedi soir, en été, dans le petit square?

____

7. Qu'est-ce qu'on apprend sur les voisins de la jeune fille?

____

____

____

____

8. Et quand on a un problème?

____

2 Lire: Les élèves s'engagent[1]!

7 Punkte

1 Punkt fürs Lesen, 6 Punkte fürs Ankreuzen

Devant le collège, à l'arrêt du bus, les élèves voient une affiche. Lis le texte, puis coche la bonne réponse.

Salut, les jeunes,
salut, élèves du collège,

- Vous prenez comme nous le bus tous les jours?
- Vous êtes comme nous en colère?
- Vous détestez comme nous la situation à l'arrêt du bus?
- Vous ne pouvez pas monter tranquillement?
- On vous bouscule toujours parce que tout le monde veut monter le premier?
- Souvent vous tombez et vous avez mal à la jambe parce qu'on vous bouscule?
- Et les petits de la classe de 6e n'ont pas la chance de trouver une place, ça vous énerve aussi?
- Dans le bus, vous ne pouvez pas lire ou écouter de la musique parce que tout le monde crie?
- Quand vous êtes arrivés, vous ne pouvez pas descendre parce que vous ne pouvez pas passer jusqu'à la porte?
- Vous ne voulez pas vous habituer à ce cirque? Vous en avez marre depuis longtemps?
- Ça ne peut pas continuer! Il faut vraiment changer la situation. Il faut prendre position.

Alors, nous, les élèves du collège Gérard-Philipe, vous proposons notre programme «Doucement!». C'est un programme pour se sentir mieux à l'arrêt du bus et dans le bus. Comment ça fonctionne? Eh bien, nous allons choisir deux élèves qui jouent le rôle de contrôleurs. Mais ils ne demandent pas les tickets, ils demandent aux autres élèves (à vous, à nous tous) d'être tranquilles, de ne pas bousculer les autres, de monter et de descendre rapidement, mais normalement, sans faire de problèmes. Bien sûr, les deux «contrôleurs» ne vont pas donner d'amende[2] aux élèves, mais il faut les respecter! Vous êtes d'accord et ça vous intéresse? Alors, venez ici, à l'arrêt du bus, vendredi après l'école, pour discuter et pour choisir nos «contrôleurs». Bien sûr, eux, ils peuvent utiliser le bus gratuitement!

A bientôt!

1. Qui a écrit cette affiche? a) Le conducteur de bus. ☐ b) Des élèves. ☐	**4.** Que propose le programme «Doucement!»? a) La moitié des élèves prend un autre bus. ☐ b) On choisit deux élèves qui contrôlent les autres. ☐
2. Quel est le problème? a) Les élèves bousculent trop. ☐ b) Les contrôleurs donnent trop d'amendes. ☐	**5.** Qu'est-ce qu'on demande aux jeunes? a) De respecter les nouveaux contrôleurs. ☐ b) De respecter qu'on leur donne des P.V. ☐
3. Pourquoi est-ce que les gens sont en colère? a) Parce qu'on ne peut pas monter normalement. ☐ b) Parce qu'on ne respecte pas les contrôleurs. ☐	**6.** Qu'est-ce qui va se passer vendredi? a) Une réunion[3] des élèves à l'arrêt du bus. ☐ b) Une réunion des contrôleurs et des conducteurs. ☐

3 Ecrire: Quel cirque!

10 Punkte

Quelques semaines plus tard. Les deux contrôleurs font très bien leur «travail», tout va bien et tout le monde est content. Mais un jour, un jeune qui a bousculé les autres, ne veut pas accepter ce que le «contrôleur» lui dit.

Relis l'exercice 2. Ecris le dialogue entre l'élève et le contrôleur dans ton cahier (environ 100 mots).

---

1 s'engager [sɑ̃gaʒe] sich engagieren – **2 une amende** [ymamɑ̃d] eine Geldstrafe – **3 une réunion** [ynʀeynjɔ̃] eine Versammlung

LEÇON 4 Etre ado à Nice

TIPP
Lies wieder zuerst genau die drei Resümees, bevor du den Text hörst.

1 Former un groupe, c'est difficile!

a *Ecoute le dialogue et coche le résumé qui raconte le texte (**A**, **B** ou **C**).*

A	**B**	**C**
A Stéphanie veut former un groupe de danse hip-hop mais il manque un danseur dans le groupe. Marc connaît quelqu'un. Il va lui demander s'il veut bien entrer dans le groupe. ☐	**B** Stéphanie, Marc, Sophie et Abdel veulent former un groupe de danseur hip-hop, «Les Zarbis». Mais il manque encore un danseur. Stéphanie et Marc discutent avec Olivier. ☐	**C** Stéphanie, Sophie et Abdel veulent former un groupe de danseur hip-hop. Marc est un danseur qui doit entrer dans le groupe. Stéphanie n'est pas d'accord. ☐

b *Ecoute le CD une deuxième fois. Vrai ou faux? Coche la bonne réponse. Si c'est faux, corrige.*

	vrai	faux	phrases corrigées
1. Les jeunes veulent former un groupe qui s'appellera «Les Révoltés».	☐	☐	______
2. Olivier veut danser dans le groupe.	☐	☐	______
3. Le groupe a aussi besoin d'un chanteur.	☐	☐	______
4. Daniel les aide à trouver quelqu'un.	☐	☐	______
5. Stéphanie dit que Daniel est un baratineur.	☐	☐	______
6. Olivier est passé à la télé et il a eu beaucoup de succès.	☐	☐	______
7. Stéphanie déteste Daniel.	☐	☐	______
8. Daniel est aussi dans la cour du collège et il joue au foot.	☐	☐	______

c *Réponds aux questions.*

1. Qu'est-ce que Marc a cherché?

______

2. Qu'est-ce que Stéphanie trouve canon? ______

______

3. Qui est Daniel? ______

______

4. Qu'est-ce qu'Olivier a vu? ______

5. Qu'est-ce que les filles veulent de Daniel? ______

______

2 Elodie rêve … → §§ 16, 17

TIPP
Bevor du diese Übung machst, vergewissere dich, dass du das ***Futur simple*** bilden kannst. Schaue in dein GBH!

*Elodie veut devenir chanteuse. Lis les phrases. Puis complète-les: choisis le verbe qui va avec le contexte et mets-le à la bonne forme du **futur simple**.*

venir **écrire** **chanter** **enregistrer** **répondre** **voir** **vendre** **être** **dire** (2x) **aller** **avoir** **applaudir**

1. … quand j'aurai mon bac, je deviendrai une chanteuse.

2. Je/J' ______________ les textes de mes chansons.

3. Avec mon groupe, on ______________ plein de CD et on les ______________ aux jeunes. **4.** Des directeurs de télévision nous ______________. **5.** Ils nous ______________: «Bientôt, vous ______________ riches et célèbres[1]! Vous ______________ chanter sur toutes les chaînes de télévision!» **6.** Et nous ______________: «Nous ______________ partout dans le monde. Il y ______________ partout une foule qui nous ______________. **7.** Et les jeunes filles me ______________: «Elodie, on espère que tu ______________ toujours pour nous!»

[ ] **3** **«Les Zarbis» préparent le concert.** → § 18

TIPP
Sieh dir erst einmal die **unverbundenen Personalpronomen** an, bevor du die Verbformen auswählst.

a *«Les Zarbis» préparent leur premier spectacle (Aufführung) et tout est chaotique (chaotisch). Coche la forme du verbe qui est correcte.*

1. – Stéphanie, c'est toi qui as ☒ ai ☐ a ☐ pris ma guitare? **2.** – Non, Marc, c'est Daniel qui l'as ☐ a ☐ ai ☐ !

3. – Daniel, Abdel, c'est vous qui ont ☐ avez ☐ a ☐ installé les chaises dans la salle? Ça ne va pas du tout!

4. –Non, ce n'est pas nous qui avez ☐ avons ☐ ont ☐ installé ces chaises. Ce sont Sophie et Olivier qui l'avons ☐ a ☐ ont ☐ fait! **5.** – Mais non, ce sont eux qui vendent ☐ vendez ☐ vend ☐ les tickets pour le concert!

Stéphanie est une fan de la chanteuse Diam's. Elle avait préparé des questions qu'elle lui a posées sur le site des fans. Diam's a répondu.

b *Lis les questions et complète les réponses de Diam's.*

Diam's

1. – Diam's, c'est vrai que tu es née en France?	– Non, c'est à Chypre[2] ______________
2. – Tu as bien enregistré ton premier CD à 15 ans?	– Non, c'est à 17 ans ______________
3. – Diam's, pourquoi est-ce que tu fais scandale?	– Ce n'est pas ______________ mais mes chansons!

1 célèbre [selɛbʀ] berühmt – **2 Chypre** *(f.)* [ʃipʀə] Zypern

4 Le spectacle[1] de danse hip-hop → §§ 19, 20, 21

a *Complète le tableau avec les formes correctes des verbes «suivre, mourir, s'asseoir».*

	présent	**futur simple**	**imparfait**
suivre	tu suis	il s________________	ils s________________
mourir	je m________________	vous m________________	tu m________________
s'asseoir	nous nous a____________	je m'________________	tu t'a________________

b *Le groupe «Les Zarbis» danse pour la première fois à la fête du lycée. Stéphanie raconte. Complète le texte avec les verbes* ***aux temps demandés*** *et à* ***l'impératif****.*

1. – Quand les danseurs sont arrivés sur la scène, les élèves *(s'asseoir, p.c.)* ______________________________. **2.** Tout de suite, les jeunes *(suivre, p.c.)* ______________________ le rythme[2] des danseurs. **3.** Mais on voyait que certains danseurs dans le groupe *(mourir, plus-que-parf.)* ______________________________ de peur. **4.** Daniel, le chanteur-danseur, a chanté des chansons super comme «Sans toi, je *(mourir, fut.)* ______________» ou bien «Je te *(suivre, fut.)* ____________________ partout». **5.** Bientôt, tout le monde dansait et les jeunes qui étaient derrière criaient: «Mais *(s'asseoir, impératif)* ______________________________! On ne voit rien!». **6.** «Vous *(suivre, prés.)* ______________________________ le rythme?» a crié Daniel, «alors, chantez avec moi: 'Tu *(s'asseoir, prés.)* ____________________ près de moi. Je *(mourir, prés.)* ____________________ sans toi'». **7.** Tous les élèves ont chanté et *(suivre, p.c.)* ______________________________ le rythme. «Les Zarbis» ont eu un super succès!

5 Savoir faire: Susie a un problème … avec l'orthographe[3]!

TIPP
Lies dir zuerst noch einmal die **„Stratégie"** im SB auf S. 52 durch!

Susie écrit un e-mail à sa copine contre qui elle est en colère. Va à la chasse aux fautes: corrige ses fautes et écris le texte correctement dans ton cahier. Tu dois trouver ***35 fautes****!*

A: delphine@wanadoo.fr
Cc:
Obj.: C'est fini!

Delphine,
Je suis en colére. C'est toi qui a raconter à Patrick que je trouve qu'il es un baratineur? Après le collége, il me suis toujour et il me dis qu'il veux me parlé. Mais hier, on est sorti du collége et on s'est assi dans une parc. On a parler. Maintenant, il croie que je raconte des chose surtout le monde. Ces à toi que j'avait raconté sa alors, je suis sûr que c'est toi qui lui a dit! Le prochain fois, je mourai mes je ne te raconterais plus mes histoire, comme ça, tu ne pourra plus les raconter au autre! Je ne te feurais plus jamais confiance[4]. Je ne t'écrirais plus et je ne te téléphonerais plus.
Susie

---

1 **un spectacle** [ɛ̃spɛktakl] eine Vorstellung – 2 **un rythme** [ɛ̃ʀitm] ein Rhythmus– 3 **l'orthographe** *(f.)* [lɔʀtɔgʀaf] die Rechtschreibung – 4 **faire confiance à qn** [fɛʀkɔ̃fjɑ̃s] jdm. vertrauen

6 Lise en a marre!

Lise n'est pas contente. Elle a des problèmes avec ses parents.
Elle écrit un e-mail à sa tante mais elle utilise la langue des jeunes.

Ecris les mots familiers en français standard sur les lignes pour que (damit) la tante comprenne ce qu'elle dit.

TIPP
Lies in deinem SB auf S. 109 die Liste der Wörter der Jugendsprache durch, schließe das Buch und bearbeite die Aufgabe.

A: tatie_pauline@wanadoo.fr
Cc:
Obj.: J'en ai marre!

Salut tatie Pauline!
J'en ai marre! Je suis en colère parce que mes parents, ils me font des blèmes … Je voulais du fric pour m'acheter des nouvelles fringues dans une boutique branchée super canon mais ils ne sont pas d'acc. Ils ont dit que j'avais assez de fringues comme ça. C'est dingue: je n'ai rien à mettre!
Ils sont vraiment pas cool, mes parents! En plus, c'est trop, j'ai rencontré un mec super cool, bien baraqué. Je crois qu'il a flashé sur moi.
Et moi qui voulais jouer à la super nana avec des nouvelles fringues!
Mais bon, je m'en fous parce que j'ai rencontré un autre mec et il me trouve canon comme ça!
Grosses bises
Lise

____
____
____
____
____
____
____
____
____

7 On travaille sur la musique.

TIPP
Achte auf die Anzahl der Buchstaben!

a *Trouve les mots qui manquent.*

métiers	instruments	dans un studio	genres de musique[1]
un/une s axophonist e	un s _ _ _ _ _ _ _ e	e _ _ _ _ _ _ _ _ _ r	le p _ _
un b _ _ _ _ _ r	une g _ _ _ _ _ e	une r _ _ _ _ _ _ _ _ n	la musique r _ _ _
un a _ _ _ _ _ e	une f _ _ _ e	p _ _ _ _ r à la t _ _ é	le r _ _
		avoir le t _ _ c	le j _ _ _
		f _ _ _ _ r	
		en d _ _ _ _ t	

b *Trouve la solution et le mot caché. Attention: il faut écrire les lettres (Buchstaben) dans* ***la bonne place*** *de la grille.*

1. Les filles et les femmes le portent sur la plage, c'est un …
2. Quand un artiste a trouvé du travail, il signe un …
3. Quand on fait des choses difficiles sans avoir peur, on a du …
4. Quand on sait les mêmes choses, on a le même …
5. Un jeune dans la langue des jeunes, c'est un …

				B	I	K	I	N	I

1 **un genre de musique** [ɛ̃ʒɑ̃ʀdəmyzik] eine Musikrichtung

TIPP
Notiere dir für jeden Absatz (A, B, C, D) ein paar Stichworte.

8 Le rap ou le hip-hop

a *Lis le texte.*

A En France, le rap est né dans les années 80 et depuis, c'est la musique préférée des jeunes entre 12 et 17 ans. Aujourd'hui, on parle plus de hip-hop que de rap. Dans leurs chansons, les rappeurs parlent de leur vie de tous les jours, d'amour mais aussi des problèmes des jeunes aujourd'hui. Ils racontent surtout la vie des jeunes dans les banlieues dans des immeubles[1] qui sont tristes et dans des quartiers sans parcs. Ils disent que la vie dans les banlieues est difficile, que ces jeunes n'ont souvent pas de travail et que les familles sont pauvres, sans avenir. Ils racontent cela dans la langue des jeunes et ils imaginent de nouveaux mots qui deviennent après à la mode. C'est aussi pourquoi les jeunes aiment beaucoup le rap. Beaucoup de rappeurs et rappeuses viennent des banlieues comme par exemple IAM ou Diam's.

B Mais la musique rap ou hip-hop pose beaucoup de problèmes aux parents. Ils disent que les textes de ces chansons sont violentes[2], trop dures et souvent vulgaires[3]. «Nous ne voulons pas que nos enfants parlent comme ça!» disent quelques parents. Il y a eu aussi des affaires graves où des rappeurs ont eu des problèmes avec la police comme le groupe NTM parce qu'il disait dans ses chansons des choses contre la police.

C Mais pourquoi est-ce que ces groupes font cela? «Nous sommes en colère!» explique le groupe NTM, «parce qu'on ne fait rien pour aider les jeunes qui vivent dans les banlieues sans avenir. En plus, la police ne nous aime pas et on a toujours des problèmes avec elle.»

D Alors, que font les parents? «Rien», explique un père. «Je ne peux pas interdire à mon fils d'écouter les radios où on passe des chansons de rap! Et si je le fais, il demandera à ses copains, alors?» Une mère explique qu'elle ne voit pas le problème. «Il faut être un peu rebelle à cet âge! Moi aussi, quand j'avais 16 ans, j'écoutais des choses qui ne plaisaient pas à mes parents. C'est normal! Interdire, ce n'est pas la solution!»

*A quelle partie du texte est-ce que cette question répond? Ecris la bonne lettre (**A, B, C** ou **D**).*

1. Pourquoi est-ce que les parents n'aiment pas toujours les textes des rappeurs?	___	**3.** Pourquoi est-ce que les textes des chansons des rappeurs sont durs?	___
2. Que font les parents contre les textes des rappeurs?	___	**4.** De quoi est-ce que les rappeurs parlent dans leurs textes?	___

b *Coche la bonne réponse.*

	vrai	faux	on ne sait pas
1. Le rap est la musique que beaucoup de jeunes aiment.	☐	☐	☐
2. Les rappeurs écrivent des textes dans lesquels ils parlent de la vie des jeunes dans les banlieues.	☐	☐	☐
3. Les rappeurs disent que la vie dans les banlieues est agréable et facile.	☐	☐	☐
4. IAM et Diam's viennent des banlieues.	☐	☐	☐
5. Les rappeurs qui ont eu des problèmes avec la police ne chantent plus.	☐	☐	☐
6. NTM a dit des choses contre la police.	☐	☐	☐
7. Les parents n'aiment pas trop le langage[4] du rap.	☐	☐	☐
8. Il y a des rappeurs qui ont eu des problèmes avec la police.	☐	☐	☐
9. Les parents interdisent aux enfants d'écouter du rap.	☐	☐	☐

1 un immeuble [ɛ̃nimœbl] ein Gebäude – **2 violent(e)** [vjɔlɑ̃,-ɑ̃t] *hier:* Gewalt verherrlichend – **3 vulgaire** [vylgɛʀ] unanständig/obszön/vulgär – **4 le langage** [ləlɑ̃gaʒ] *die Sprache, die charakteristisch für jdn. ist, im Unterschied zu „la langue" = die Sprache eines Volkes*

c *Explique.*

1. Pourquoi est-ce que les jeunes aiment beaucoup le rap?

2. Pourquoi est-ce que les parents disent que les textes dans les chansons de rap sont violents?

3. Pourquoi est-ce que les rappeurs disent qu'ils sont en colère?

4. Explique les réactions des deux parents:

réaction 1:

réaction 2:

d *Comment est-ce que ces parents réagissent quand ils écoutent du rap? Continue à décrire l'image.*

Julien a mis du rap. Ses parents écoutent et …

e *Ecris une lettre au journal dans laquelle tu expliques ce que tu penses du rap. Donne des noms de chanteurs que tu aimes ou que tu n'aimes pas et dis pourquoi. Si tu aimes un autre genre de musique (Musikrichtung), dis lequel (sag, welche).*

Cher journal,

9 Communiquer et écrire: Un journaliste pose des questions.

Tu es dans un café à Nice. Un homme arrive. Il veut parler à une jeune touriste allemande de ton âge assise à une table à côté de toi, mais elle ne parle pas français alors tu proposes de faire l'interprète.

Toi à la jeune fille: Hallo! Ich kann dir helfen, wenn du möchtest.
La jeune fille: Danke, das ist nett von dir.
L'homme: C'est gentil de faire l'interprète! Voilà, je suis journaliste au journal «Nice-Matin». J'écris un article sur ce que pensent les touristes de notre ville parce qu'il y aura peut-être les Jeux Olympiques d'hiver à Nice en 2018. Est-ce que tu peux demander à cette jeune touriste si elle veut bien répondre à quelques questions?

1. *Toi:* ____________________

____

La jeune fille: Das ist schon O. K.
Le journaliste: Ah, elle est d'accord … Merci, mademoiselle … Euh, … alors, … comment est-ce que tu trouves la ville: intéressante, trop calme, branchée, géniale, fantastique, nulle?

2. *Toi:* ____________________
La jeune fille: Ich finde es hier abgefahren, fast immer sonnig und warm, extrem sauber *(= propre[1])*. Aber hip? Würde ich nicht sagen, man sieht ziemlich viele ältere Leute hier und für Jugendliche scheint es wenig Angebote zu geben. Aber dass es so viele Museen und andere Sehenswürdigkeiten gibt, finde ich super interessant! Was ich hier besonders mag und in Deutschland ganz anders ist, sind die viele Leute auf den Straßen und in Cafes bis spät in die Nacht. Die Stadt ist unheimlich lebendig. Die „Promenade des Anglais" finde ich besonders toll – da spaziere ich manchmal stundenlang. Und der lange Strand – einfach genial!

3. *Toi:* ____________________

____

____

____

Le journaliste: Ah, alors on peut dire qu'elle est une vraie fan de notre ville! … Euh, … comment est-ce qu'elle imagine les Jeux Olympiques d'hiver à Nice en 2018? Munich[2] voudrait aussi les Jeux et si c'est là-bas, ce sera un peu plus normal parce qu'il y a beaucoup de neige[3] l'hiver.

4. *Toi:* ____________________

____

La jeune fille: Winterspiele in Nizza? Fände ich super! Gerade der Kontrast von Meer und Bergen ist so toll! Aber gibt es hier genügend Schnee im Winter? Auf jeden Fall wird die Stadt noch lebendiger und voller sein. Ich glaube auch, dass viele junge Leute kommen werden. Na ja, München wäre natürlich auch toll, die umliegenden Berge sind wirklich schön! Aber wenn die Spiele in Nizza sind, werde ich bestimmt wiederkommen!

5. *Toi:* ____________________

____

____

Le journaliste: Merci beaucoup, est-ce que je peux faire une photo d'elle?

6. *Toi:* ____________________
La jeune fille: Kein Problem!

---

1 propre [pʀɔpʀ] sauber – **2 Munich** [mynik] München – **3 la neige** [lanɛʒ] der Schnee

TIPP
Versuche unbekannte Wörter von anderen Sprachen abzuleiten (Englisch, Deutsch) oder von der Wortfamilie herzuleiten:
(un habitant → habiter)

10 Rendre en allemand: Le carnaval de Nice

Tu vas aller rendre visite à ton corres à Nice au mois de février. Ta mère a trouvé un article sur Nice et elle te demande de le lire et de lui donner quelques informations.

a *Lis l'article. Avant de le résumer en allemand, travaille sur les mots inconnus: pense à une autre langue ou à un autre mot de la même famille et traduis-les (**1.**). Lis les explications qui vont t'aider et traduis-les (**2.**).*

Le carnaval de Nice

Qu'est-ce que c'est exactement, un carnaval? Le carnaval a une origine chrétienne: en France, il commence à l'Epiphanie[1] (le 6 janvier, à la fin des fêtes de Noël) et finit le Mardi gras, le dernier jour avant le carême, la période où on mange peu et surtout pas de viande[2].
Pendant la période du carnaval, les habitants des villes se déguisent et sortent dans les rues pour chanter et danser, pour s'amuser. Il y a très souvent aussi des parades, des chars décorés qui passent dans les rues et sur lesquels les gens dansent et chantent. A Nice, on fête le carnaval depuis le Moyen Age. Pendant le carnaval, les Niçois[3] mangeaient et faisaient la fête. C'était une période un peu spéciale pendant laquelle on pouvait rire et se moquer de tout le monde et bien rester caché derrière son masque. On dansait dans les rues jour et nuit, on se jetait des œufs et de la farine, des confettis et des fleurs[4]. En 1873, un Niçois a eu l'idée de former un comité des fêtes pour organiser le carnaval: on a fabriqué d'énormes chars et en 1876, il y a eu la première bataille[5] des fleurs sur la Promenade des Anglais, la grande rue le long de la mer à Nice. D'abord, les gens qui étaient sur les chars ont jeté des petits bouquets de fleurs sur les spectateurs. Puis, les gens se sont habitués et aujourd'hui, on peut voir pendant le carnaval une vraie bataille de fleurs ce qui est devenu un spectacle que les touristes aiment regarder. Tous les chars sont décorés de fleurs et on a besoin de milliers de fleurs pour mettre sur tous les chars. Sur les chars, des gens déguisés jettent ces fleurs sur les spectateurs qui les regardent passer. Cette bataille de fleurs est devenue célèbre et d'autres villes aux Etats-Unis, au Québec ou en Italie ont aussi leur bataille des fleurs comme la ville de Nice pendant le carnaval.

1. chrétien(ne) ______________________

un habitant ______________________

une parade ______________________

décoré(e) ______________________

un masque ______________________

un comité des fêtes ______________________

le long de ______________________

un spectacle ______________________

2. se déguiser — mettre des vêtements pour jouer un rôle ______________________

un char — *ici:* une grande voiture qui n'a pas de toit ______________________

le carême — pour les chrétiens, jours où on ne mange pas ______________________

un bouquet — quelques fleurs qui sont ensemble ______________________

un spectateur — personne qui regarde un spectacle ______________________

b *Maintenant, relis l'article et résume-le en allemand dans ton cahier.*

TIPP
Bevor du dein Resümee schreibst, lies dir noch einmal in diesem Heft die Hinweise in Lektion 1, Seite 11 durch.

---

1 l'Epiphanie [lepifani] das Erscheinungsfest *(Dreikönigstag)* – **2 la viande** [lavjɑ̃d] das Fleisch – **3 un Niçois** [ɛ̃niswa] ein Einwohner Nizzas – **4 une fleur** [ynflœʀ] eine Blume – **5 une bataille** [ynbataj] eine Schlacht

1 Lire: La Star Ac'

8 Punkte

a *Lis le texte et coche la bonne réponse.*

2 Punkte fürs Lesen, 6 Pkte. für richtige Antworten

Le phénomène Star Academy

La Star Academy qu'on appelle aussi la Star Ac' est une émission[1] de télé-réalité présentée sur la chaîne de télévision TF1 depuis 2001. Elle fonctionne ainsi: d'abord, TF1 fait un casting de jeunes dans toute la France pendant lequel on choisit quinze à seize jeunes. Il ne faut pas déjà savoir chanter et danser mais avoir de l'expérience[2] aide bien sûr un peu. Ces jeunes resteront quatre mois dans une «Academy» où ils habitent et où ils auront des cours de danse, de chant, de sport et de théâtre. Pendant tout ce temps, on filme les jeunes pendant qu'on les forme à devenir des stars. Tous les vendredis, il y a une émission de télévision où ces jeunes présentent au public[3] ce qu'ils ont appris dans la semaine. Pendant l'émission, le public choisit quel jeune doit quitter l'Academy. A la fin des quatre mois, un seul jeune restera. Il deviendra une star et il aura un contrat avec une maison de disques[4] qui enregistrera ses CD. Le but[5] de l'émission est que le public regarde pendant ces quatre mois le jeune qui sera, un jour, une star. Les jeunes qui regardent la Star Ac' pensent que cette émission est une chance pour un jeune de devenir un jour un artiste quand on sait que c'est très difficile de faire une carrière dans la chanson. Beaucoup de jeunes espèrent qu'ils iront aussi un jour à la Star Ac'.

La Star Ac' a déjà vendu plus de 20 millions de CD depuis 2001. Cette émission invite aussi de vraies stars comme Robbie Williams, Elton John ou Zazie.

1. La Star Ac' est une émission
- a) en direct de télé-réalité. ☐
- b) de musique pour les jeunes. ☐
- c) où on enregistre de la musique pour les jeunes. ☐

2. Dans la Star Ac', on montre
- a) comment une future star vit. ☐
- b) comment on filme les stars. ☐
- c) comment on choisit une future star. ☐

3. TF1 est
- a) une radio. ☐
- b) une chaîne de télévision. ☐
- c) une émission. ☐

4. Pour choisir les jeunes qui iront dans l'Academy, on doit
- a) envoyer une lettre. ☐
- b) faire un casting dans toutes les villes de France. ☐
- c) envoyer un e-mail à TF1. ☐

5. Pour se présenter à la Star Ac',
- a) il faut avoir de l'expérience. ☐
- b) il faut savoir chanter et danser. ☐
- c) cela ne fait rien si on n'a pas d'expérience. ☐

6. Les jeunes aiment la Star Ac' parce que/qu'
- a) ils veulent devenir riches. ☐
- b) c'est une chance pour un jeune qui veut être une star. ☐
- c) passer à la télé, c'est super! ☐

3 Punkte

b *Réponds aux questions.*

1 Punkt pro Frage

1. Qu'est-ce que «télé-réalité» veut dire?

____

____

2. Qu'est-ce qui se passe pour le jeune que le public a choisi à la fin de la Star Ac'?

____

____

3. Qu'est-ce que les jeunes pensent de la Star Ac'?

____

____

1 une émission [ynemisjõ] eine Sendung – **2 l'expérience** *(f.)* [lɛkspeʀjɑ̃s] die Erfahrung – **3 le public** [ləpyblik] das Publikum – **4 une maison de disques** [ynmɛzõdədisk] ein Musik-/Plattenlabel (*Tonträgerunternehmen*) – **5 un but** [ɛ̃by(t)] ein Ziel

2 Ecouter: Qu'est-ce qu'ils pensent de la Star Ac'?

TIPP
Hör dir zuerst jeden Sprecher für sich an, dann beide hintereinander und beantworte dann die Fragen.

a *Ecoute ce que Clara et Grégory pensent de la Star Ac'. Mets dans le tableau qui pense quoi (**C** = Clara; **G** = Grégory).*

6 Punkte

Hören und richtig antworten

Aime la Star Ac'.	___
N'aime pas la Star Ac'.	___
Regarde l'émission le vendredi.	___
Croit qu'on peut devenir une star.	___
Ira au casting.	___

Trouve la Star Ac' idiote.	___
L'Academy: c'est dur!	___
Pense qu'on y[1] raconte des histoires aux jeunes.	___
Regarder comment les jeunes apprennent à chanter et à danser, c'est super!	___
Les jeunes qui gagnent savaient avant l'Academy chanter et danser.	___

b *Ecoute Clara et Grégory encore une fois et réponds aux questions.*

3 Punkte

1 Punkt pro richtige Antwort

1. Quel est le rêve de Clara?

____

____

2. Quelles sont les deux choses que Grégory pense de la Star Ac'?

____

____

____

3. Qu'est-ce que Grégory veut faire plus tard?

____

3 Ecrire: Mes vacances à Nice

*L'été prochain, tu iras à Nice en vacances avec tes parents. Raconte dans ton cahier ce que tu veux faire avec tes parents là-bas. Les photos vont te donner une idée. Utilise le **futur simple**.*

10 Punkte

2,5 Punkte pro Bild

1 y [i] dort

LEÇON 5 Au pays des livres

1 Aller en Bretagne?

TIPP
Hier siehst du, wie man vom Globalverständnis zum Detailverständnis kommen kann.

a *Ecoute le texte, puis coche le titre qui va le mieux avec l'histoire.*

1. La Bretagne, pays du mauvais temps.	☐
2. La Bretagne, pays des histoires bizarres.	☐
3. La Bretagne, pays de la pêche.	☐

b *Ecoute le texte encore une fois. Puis note dans la colonne 1) avec qui les personnes sont allées en Bretagne. Choisis le symbole qui correspond et mets-le dans la colonne 2).*

 super!	 ça va	 oui, mais …	 non, merci!	 plus jamais!

	1) est allé(e)/ira en Bretagne avec …	2) trouve la Bretagne …	3) Pourquoi?
Annie			
Bernard			
Clément			

Réécoute le texte et note en deux, trois mots dans la colonne 3) pourquoi ils trouvent la Bretagne comme ça.

c *Coche l'illustration qui raconte l'histoire de Clément (①, ② ou ③).*

①

☐

②

☐

③

☐

d *Réponds aux questions en phrases complètes dans ton cahier. Avant, tu peux réécouter si nécessaire.*

1. Où est-ce que Clément a trouvé l'histoire?
2. Qu'est-ce qu'il ne faut pas faire quand il y a un orage?
3. Qui entre dans les maisons?
4. Pourquoi?
5. Est-ce que Marc a envie de retourner en Bretagne? Pourquoi (pas)?

2 Problèmes en Corse[1] → § 22

Mets la bonne forme des verbes «craindre, éteindre, se plaindre, se battre» ***aux temps indiqués****.*

1. se battre *(prés.)* **2. craindre** *(prés.)* **2x** **3. se plaindre** *(p. c.)* **4. éteindre** *(prés.)*
5. craindre *(prés.)* **6. se battre** *(p. c.)* **7. se battre** *(f. s.)* **8. éteindre** *(prés.)* **9. se plaindre** *(f. s.)*

1. En Corse, une île française, la forêt brûle[2] chaque été. Les pompiers[3] ___ contre le feu avec énormément de courage. **2.** Un pompier ne ___ pas le feu, non, les pompiers ne ___ que le vent qui fait d'un petit feu une catastrophe! **3.** La femme d'un pompier ___ surtout des touristes. **4.** «Ils n'___ pas bien leurs cigarettes dans la nature! Ces gens nous posent des problèmes sérieux. **5.** Je les ___ vraiment. **6.** Depuis mai, mon mari Jean et ses copains ___ vingt fois contre le feu. **7.** Hier, je lui ai encore dit: "Tu verras, tu ___ encore vingt fois contre le feu cet été et tu risqueras ta vie."
8. Mais Jean dit toujours: "C'est notre métier, c'est nous qui ___ les feux.
9. Les pompiers ne ___ jamais!"»

3 Clémence est malade. → §§ 23, 24

hart	**ernsthaft**	
freundlich	**laut**	**gut**
gemein	**leise**	
schlecht	**falsch**	

Adjectif ou adverbe? Lis les phrases et complète le texte. Attention: là, où il n'y a pas d'adjectif entre parenthèses, tu dois choisir l'adjectif/l'adverbe allemand ***qui va avec le contexte****, le traduire et l'intégrer correctement.*

1. Clémence Lenoir est une fille ___ qui travaille ___ pour réussir à l'école.
2. Mais quand elle a la grippe, tout est alors différent: sa mère est plus (gentil) ___ pour elle, même son petit frère qui est (normal) ___ assez (méchant) ___ lui demande ___ ce qu'elle veut manger et s'il doit chanter pour elle. **3.** «Non, merci. Tu chantes ___, tu sais.» **4.** Mais (évident) ___, ses amis lui manquent (énorme) ___. **5.** Alors, elle téléphone sur son portable. «Ecoute, Pierre, il faut parler ___ … Non, je ne peux (vrai) ___ pas parler plus ___. Maman pense que je dors. **6.** Tu sais que Mme Bertaud est (bête) ___, en plus, son parfum sent ___!» **7.** Tout à coup, la porte s'ouvre et Mme Lenoir entre avec une assiette. «Clémence! Tu m'as dit que tu ne te sentais pas (bon) ___ et que tu étais (fatigué) ___. **8.** Pourtant, tu es au téléphone et tu parles ___ de ta prof! Arrête tout de suite.» **9.** «Tu as raison … ah, la soupe[4] sent ___. Merci, maman.»

1 **la Corse** [lakɔʀs] Korsika – 2 **brûler** [bʀyle] brennen – 3 **un pompier** [ɛ̃pɔ̃pje] ein Feuerwehrmann – 4 **une soupe** [ynsup] eine Suppe

4 Pour raconter un conte de fées[1]

Trouve les mots des contes de fées et écris-les dans le filet à mots.

TIPP
Den Charakter einer Person kann man nicht nur mit Adjektiven beschreiben! Wenn dir mehr als 4 Wörter einfallen, bist du ein wirklicher Champion!

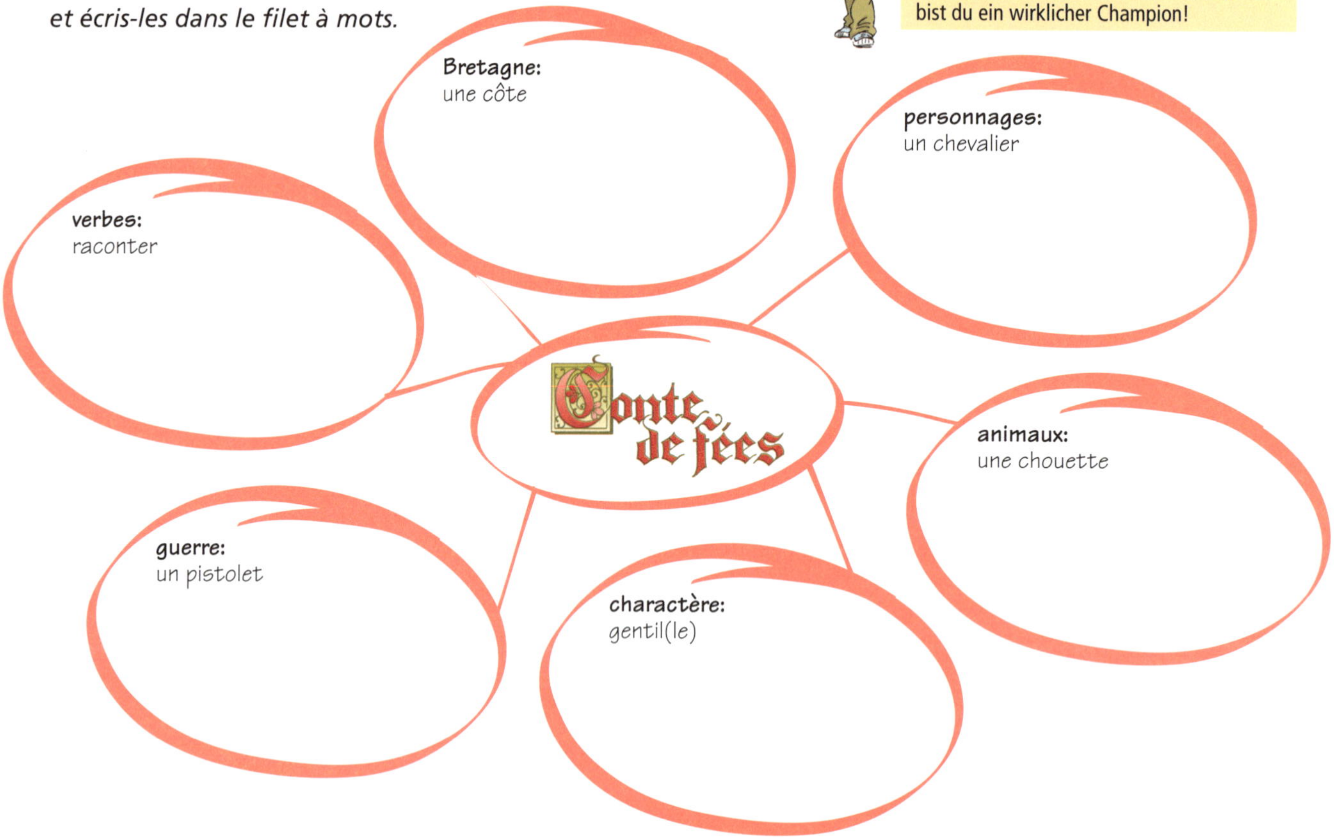

[ ] 5 Les connecteurs[2]

Lis les phrases, puis trouve les expressions/mots qui ***relient*** *les phrases. Utilise aussi des* ***propositions infinitives****.*

TIPP
- Um gute Texte zu schreiben, musst du Sätze verbinden können, bzw. passende einleitende Ausdrücke finden. Eine vollständige Übersicht nützlicher Wörter und Ausdrücke um eine Geschichte erzählen zu können, findest du im Schülerbuch auf S. 114.
- Näheres zu den **Infinitivkonstruktionen** findest du im ***Supplément*** des GBH, S. 53, § 36.

1. ________________, un jeune chevalier est parti à la guerre. **2.** ______________________________ il traversait la forêt, il réfléchissait aux aventures dangereuses qu'il espérait rencontrer sur son chemin. **3.** Il était timide, ______________________, il ne craignait pas la mort. **4.** Il était midi, mais étrange[3]! ______________________, il a fait nuit noire! **5.** ______________________________ le chevalier a levé la tête, il a vu un énorme oiseau noir assis sur un arbre. **6.** Le chevalier a ouvert son sac pour chercher son pistolet et attaquer l'oiseau ____________ il ne voulait pas mourir. **7.** «______________________________ faire quelque chose de méchant, écoute-moi, a dit l'oiseau. **8.** Je suis un animal magique. ______________ tu me laisses tranquille, tu auras la plus belle fée comme femme». **9.** ______________________________ réfléchi une seconde, le chevalier a rangé son pistolet. **10.** ______________________, il a répondu: «N'aie pas peur. **11.** Je suis d'accord avec ce que tu me proposes et je ne pars même plus à la guerre, ________________________ une femme, c'est un peu comme une aventure!»

1 **un conte de fées** [ɛ̃kɔ̃tdəfe] ein Märchen – 2 **un connecteur** [ɛ̃kɔnɛktœʀ] *hier:* eine Satzverknüpfung – 3 **étrange** [etʀɑ̃ʒ] seltsam

[ ] 6 Du chocolat, non merci!

a *Le texte suivant n'est pas bien réussi parce que trop de propositions principales coupent le flux du texte (zu viele Hauptsätze unterbrechen den Textfluss). Améliore (Verbessere) le texte dans ton cahier: relie les phrases avec des* ***conjonctions*** *et* ***des pronoms relatifs****. Mets aussi des* ***adjectifs*** *et des* ***adverbes*** *pour rendre l'histoire plus vivante. Tu peux construire des* ***propositions infinitives*** *avec «pour, sans, avant, après» (cf. § 36).*

J'ai lu un livre. Dans ce livre, on parle d'un garçon. Il tombe dans un trou. Il tombe et il crie. Il se retrouve sur une île. Là, il y une maison. Son toit est en chocolat. Le garçon va plus près. Mais avant, il se cache. Il veut regarder. Mais il ne veut pas se montrer. Le garçon essaie d'entrer. Un homme lui demande ses papiers. Le garçon a peur. Le garçon n'a pas de papiers. L'homme lui propose: «Tu manges tout le toit. Tu pourras entrer». Le garçon mange deux kilos de chocolat. Il a mal au ventre. L'homme lève la main. Est-ce qu'il veut battre le garçon? …

b *Trouve une fin à l'histoire. Ecris-la dans ton cahier.*

7 Les chevaux au nez rouge – comment un garçon est devenu riche grâce à un pot de peinture.

Regarde les dessins et raconte l'histoire fantastique (Fantasy-Geschichte) dans ton cahier. Utislise pour chaque dessin au moins (mindestens) les mots indiqués.

TIPP
- Vergiss nicht, **Adjektive und Adverbien** einzubauen und deine Sätze mit **Konjunktionen** zu verbinden. Verwende **Wendungen mit Infinitiv**, lies daher zuvor noch § 36 in deinem GBH durch.
- Du kannst deine Geschichte zunächst im Präsens schreiben, später sie als vergangen (→ *temps du passé*) oder zukünftig (→ *futur simple*) darstellen.

①

un garçon – quitter – apprendre un métier – un peu d'argent – pot de peinture comme porte-bonheur

②

travailler dur – rentrer – demander – son amie – vouloir être sa femme

③

traverser une forêt – trois marchands – attaquer – voler le porte-monnaie – compter l'argent – le garçon – s'éloigner – peindre le nez

④

les marchands – ne rien craindre – partir – leurs chevaux – garçon – courir vers la ville

⑤

arriver au marché – vieil homme – dire – chevaux – nez rouge – si – sang[1] – mourir *(futur simple)*

⑥

peur – vendre les chevaux – peu d'argent – «vieil homme» très content? – le garçon

1 **le sang** [ləsɑ̃] das Blut

TIPP
- Um zu erfahren, ob ein Mann oder eine Frau spricht, brauchst du nur die Endungen anzuschauen!
- Zum Üben kannst du den Text nach Bearbeitung der Aufgabe ins Deutsche übersetzen. Wie hätte ein deutschsprachiger Autor wohl den Inhalt formuliert?

8 Rien à craindre?

a *Voici un extrait d'un livre pour les jeunes. Lis-le.*

Il est huit heures moins vingt. Depuis que j'ai éteint la radio, l'appartement est *silencieux*. Dans cinq minutes, il faudra partir *au plus tard*, mais je reste dans l'entrée, l'oreille collée à la porte. Non, je n'entends rien dehors. Mais j'avoue que je crains ce silence. Personne[1] dans l'escalier, je serai seule quand je passerai devant sa porte. Je sens son œil derrière le judas[2], son *regard* qui me suit méchamment. Evidemment, maman n'a pas voulu m'écouter quand je lui ai parlé du *danger*. Elle a déclaré qu'il n'y avait rien à craindre, et qu'à onze ans, je devais être moins timide. Elle, qui n'est jamais là quand le *vieillard* rentre de sa *promenade* avec son chien énorme qui se couche toujours dans la cour et que tous les voisins craignent. Huit heures moins le quart. Il faut descendre maintenant si je ne veux pas arriver en retard au collège ce qui serait *impensable* dans le cours de Madame Bourraï. Mon cœur bat follement …

b *Les mots en italique sont nouveaux, mais tu peux découvrir ce qu'ils signifient en allemand à partir d'un mot de la même famille. Complète le tableau suivant.*

le nouveau mot	un mot de la même famille	le nouveau mot en allemand
silencieux	______	______
au plus tard	______	______
le regard	______	______
le danger	______	______
le vieillard	______	______
la promenade	______	______
impensable	______	______

c *Lis le texte encore une fois. Puis coche la bonne réponse et note à quelle ligne tu as trouvé l'information (**1.–4.**).*

1. La personne qui parle est	**2.** La personne qui parle a
a) un garçon. ☐	a) 11 ans. ☐
b) une fille. ☐	b) 12 ans. ☐
c) on ne sait pas. ☐	c) 13 ans. ☐
ligne ______	ligne ______

1 personne [pɛʀsɔn] niemand – **2 un judas** [ɛ̃ʒydas] ein Guckloch/Spion (an der Tür)

3. La personne qui parle est	**4.** La personne qui parle a peur
a) dans l'entrée. ☐	a) de sa mère. ☐
b) dans l'escalier. ☐	b) d'un voisin. ☐
c) dans la cour. ☐	c) d'un professeur. ☐
ligne ______	ligne ______

5. *Au début du texte, il est quelle heure? Coche.*

①  ☐

②  ☐

③  ☐

6. *Qu'est-ce que la personne va faire après? Coche.*

① 

☐

② 

☐

③ 

☐

d *Dis en une phrase …*

1. pourquoi la personne n'entend rien.

____

2. pourquoi la personne a peur.

____

____

e *Ecris maintenant une suite à l'histoire (5 phrases au minimum).*

____

____

____

____

____

____

____

____

9 Communiquer et écrire: Un sondage

TIPP
Denke daran, die Umgangssprache deines Freundes in Standardfranzösisch umzuwandeln.

Tu es dans une librairie avec un copain.
Comme il ne parle pas français, tu fais l'interprète.

Un reporter: Bonjour les jeunes. Est-ce que je peux vous poser quelques questions? Je suis en train de faire un sondage pour «Vian», un magazine pour les jeunes.
Ton copain: Was will er?

1. *Toi:* ____________________

Ton copain: Klar, aber wieso «Vian», komischer Titel.

2. *Toi:* ____________________

Le reporter: Boris Vian a écrit des romans et «Vian» en verlan, c'est «envie» – nous nous intéressons à ce qui intéresse les jeunes. En ce moment, c'est la lecture.

3. *Toi:* ____________________

____

Ton copain: Moment mal. Was ist Wärlang?
Le reporter: Le verlan? Vous savez, les jeunes ont leur propre[1] langue, en France comme ailleurs[2], que les grandes personnes comprennent mal. Pourtant, c'est facile. Dans un mot comme «tomber», ils tournent l'ordre des syllabes[3] et ça devient «béton». Compris? Un autre exemple: «arabe» en verlan, c'est «beur». En plus, ils inventent des nouveaux mots. Mais ne les apprenez pourtant pas par cœur, car la mode change hyper-vite …

4. *Toi:* ____________________

____

____

Ton copain: Puh, als ob Französisch nicht schon so schwer genug wäre! Aber nun zu seiner Frage: Lesen finde ich doof. Ich mag nur Comics, denn ich schaue lieber Bilder an. Französische Comics sind aber zu schwierig für mich. Ich kenne auch nur Asterix und Obelix, auf Deutsch natürlich. Ständig greifen die Römer ihr Dorf an, doch die Gallier *(= les Gaulois)*[4] gewinnen immer. Das ist schon cool!

5. *Toi:* ____________________

____

____

Le reporter: Alors s'il aime autant[5] les «Astérix», il peut les lire en deux versions[6]: d'abord, il essaie de comprendre une page en français, puis il lit la même page en allemand et compare les deux. Pas mal, cette méthode pour apprendre de nouveaux mots! … Euh, … par ailleurs[7], dis à ton copain, qu'en Bretagne, il y a énormément de belles histoires de guerres. Tiens, voici un livre avec des images …

6. *Toi:* ____________________

____

____

____

1 propre [pʀɔpʀ] *hier:* eigen – **2 ailleurs** [ajœʀ] anderswo – **3 une syllabe** [ynsilab] eine Silbe – **4 un Gaulois** [ɛ̃golwa] ein Gallier – **5 autant** [otɑ̃] *hier:* so sehr – **6 en deux versions** [ɑ̃døvɛʀzjɔ̃] auf zwei Arten – **7 par ailleurs** [paʀajœʀ] außerdem

10 Rendre en allemand: La langue bretonne

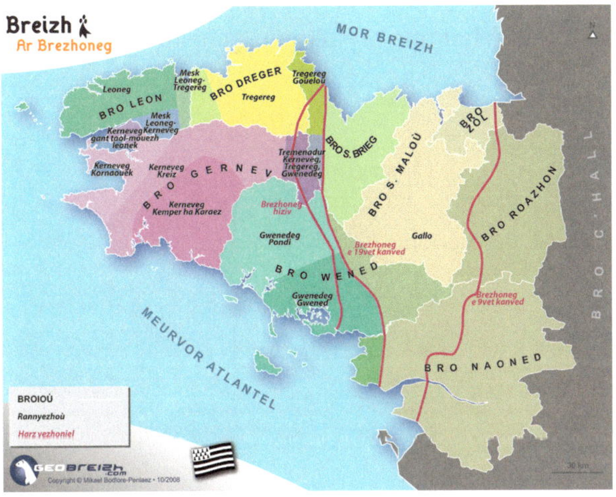

carte de la Bretagne en breton

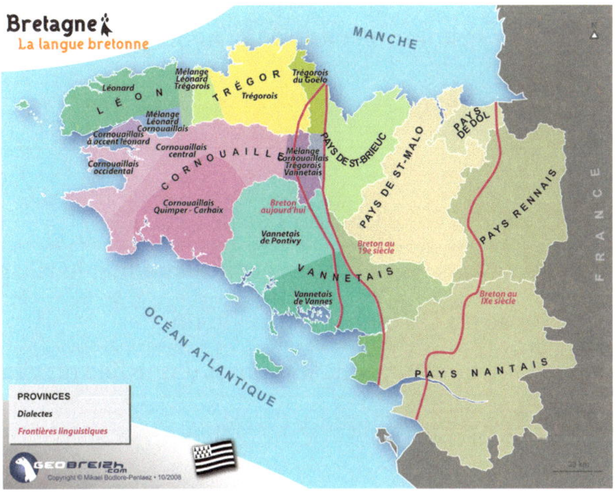

carte de la Bretagne en français

a *Lis le texte et essaie de comprendre les mots inconnus (en italique). Relis le texte et complète le tableau.*

Sur 2,3 millions de Bretons, il n'y a que 250 000 personnes qui parlent le breton – en deuxième langue à côté du français. Cette langue d'origine celtique est très différente du français, mais c'est en breton que *survit* la tradition de la Bretagne. C'est pourquoi depuis les années 60, plusieurs *associations* luttent contre la mort du breton qui a commencé au 19e siècle quand *l'Etat* français a interdit les *langues minoritaires* comme le breton, le catalan, l'alsacien … D'après les politiciens, le français devait être la seule langue parlée dans *l'Hexagone*. Les méthodes de cette «guerre» étaient dures: quand un enfant parlait breton en classe, on lui mettait *un fer à cheval autour du cou* qu'il devait porter jusqu'à ce qu'il *dénonce* au professeur un autre enfant qui parlait breton. Aujourd'hui, grâce à des manifestations de toutes sortes, les élèves peuvent apprendre le breton à l'école, mais seulement 5 % des jeunes de moins de quinze ans le parlent dans la vie de tous les jours. Il y a donc des gens qui pensent que le vrai breton *s'est éteint* en 2002 quand Madame Bourdonnay, la dernière personne qui ne parlait rien d'autre que le breton, est morte.

le nouveau mot	explication	traduction
survivre	≠ mourir	___
une association	groupe qui s'engage pour qc	___
l'Etat *(m.)*	Nicolas Sarkozy est le chef de l'Etat français	___
la langue minoritaire	… que peu de gens parlent; ≠ la majorité	___
l'Hexagone *(m.)*	la forme du pays, *ici:* la France	___
un fer à cheval	métal au pied des chevaux	___
autour du cou	–	um den Hals
dénoncer	–	verpetzen, anschwärzen
s'éteindre	*ici:* mourir	___

b *Maintenant, résume le texte en allemand dans ton cahier.*

1 Ecouter: Une histoire d'amour (1ère partie)

Dans cette histoire, on parle d'un amour entre une fille bretonne et un homme mystérieux (geheimnisvoll).

10 Punkte

6 für Teil a, 4 für Teil b

a *Ecoute le texte. Puis coche ce qui est vrai et faux.*

	vrai	faux
1. Le roi des fées vivait sur l'Ile de Groix.	☐	☐
2. Les soldats n'avaient pas envie d'attaquer le village sur l'Ile de Groix.	☐	☐
3. Le duc du Thon était le père du roi.	☐	☐
4. Le duc du Thon était amoureux d'une fille du village.	☐	☐
5. La fille était amoureuse du roi.	☐	☐

b *Ecoute le texte encore une fois et dis ce que l'homme **n'a pas fait** pour gagner l'amour de la fille. Coche la bonne image / les bonnes images.*

①

☐

②

☐

③

☐

④

☐

2 Lire: Une histoire d'amour (2e partie)

8 Punkte

5 für Teil a, 3 für Teil b

a *Lis le texte. Est-ce que les phrases en dessous du texte sont vraies ou fausses? Coche.*

Les hommes du roi des fées ne comprenaient pas le problème parce que le jeune duc et son père étaient beaux comme des étoiles et normalement ils plaisaient à toutes les femmes. Voici ce que le roi des fées leur a expliqué alors:

«Quand les hommes de la terre voient le visage d'un lutin ou d'une fée, ils meurent ou ils deviennent fous. C'est pourquoi on n'a pas pu se montrer à la fille. Si elle est d'accord pour nous suivre dans notre palais, elle pourra regarder le visage du duc et elle l'aimera sûrement. Malheureusement, elle ne s'intéresse pas à un homme qui essaie de gagner son cœur sans se montrer. En plus, le duc ne veut pas attendre, il craint les idées noires – très dangereuses pour le moral! Avec le temps, le duc ne bougera plus et il n'entendra pas Cravache, la fée de la mort, qui entrera dans sa chambre. Elle l'embrassera et il la suivra dans son palais de glace où il fait toujours froid. Là, il oubliera son amour pour la jeune fille de l'île et il ne pourra jamais être heureux.»

Silence dans la grande salle. Les hommes comprenaient pourquoi leur chef pleurait et voulait s'éloigner. Tout à coup, un des hommes a eu une idée …

	vrai	faux
1. La fille n'a jamais vu le duc du Thon.	☐	☐
2. La fille n'aime pas le duc parce qu'elle préfère les hommes baraqués.	☐	☐
3. Il faut faire quelque chose rapidement.	☐	☐
4. Cravache aime le duc.	☐	☐

b *Imagine les situations suivantes et trouve une fin possible à ce que la fille et le roi* ***deviendront/feront****.*

1. La fille voit le duc devant la maison de son père, alors elle ____________________

2. La fille voit le duc dans le palais du roi, alors elle ____________________

3. Le roi n'aide pas son fils rapidement, alors le duc ____________________

____

12 Punkte

pro Bild 3 Punkte

3 Ecrire: Une histoire d'amour (3e partie)

Regarde les dessins et trouve la fin de l'histoire d'amour: raconte ce que la jeune fille et le duc du Thon deviendront. Réécoute la 1ère partie et relis la 2e partie de l'histoire si nécessaire. Utilise les mots indiqués et les temps qu'il faut (futur simple, temps du passé). Voici un mot pour t'aider: le mariage, en allemand, c'est «die Hochzeit».

①

(...) se battre – beaucoup – mourir – la fille – détester – le fils

②

un dessinateur – faire un portrait – le jeune duc // à minuit – un lutin – porter – le portrait – la maison – la fille

③

ouvrir le paquet – surprise – regarder – avoir le coup de foudre – penser – voix – chanter – comprendre – gentil

④

le lendemain – partir sur la plage – retrouver – le jeune duc // fêter un beau mariage

Dans ton cahier, tu peux commencer comme ça:

① Un des hommes du roi des fées a dit:
«Si vous attaquez le village, les gens nous craindront.» …

[Module 1] 35 degrés dans le Midi

1 Je voudrais être pompier plus tard …

Manuel, un jeune garçon de 15 ans, est chez sa grand-mère qu'il n'a pas vue depuis longtemps. Ils parlent de son avenir.

TIPP
Inzwischen bist du sicher schon Experte im Hörverstehen. Versuche trotzdem genau hinzuhören, auch wenn es dir sehr leicht erscheint, denn oft „steckt der Teufel im Detail". Also denk auch an das Detailverständnis.

a *Ecoute le dialogue et coche le dessin qui va avec le texte (① ou ②).*

①

☐

②

☐

b *Maintenant, écoute le dialogue encore une fois et coche la / les bonne(s) phrase(s).*

1. a) La grand-mère de Manuel est très malade. ☐ b) Il y a des jours où elle se sent malade. ☐ c) Malgré[1] son âge, elle n'est jamais malade. ☐	**4.** a) Un jour, quand il était petit, le père de Manuel a appelé les pompiers pour rien. ☐ b) Un jour, quand il était petit, le père de Manuel a mis le feu dans sa chambre. ☐ c) Un jour, quand il était petit, le père de Manuel a sauvé la vie de sa mère. ☐
2. a) Elle trouve que, depuis leur dernière rencontre, Manuel n'a pas changé. ☐ b) Elle trouve que Manuel est grand maintenant, mais qu'il n'a pas vraiment changé. ☐ c) Elle trouve que Manuel a beaucoup changé. ☐	**5.** a) Plus tard, Manuel veut se battre contre les incendies[2] et la bêtise des gens. ☐ b) Plus tard, il veut découvrir des aventures dans le métier de pompier. ☐ c) Plus tard, il veut en tout cas[3] sauver la vie des gens, comme pompier, policier ou médecin. ☐
3. a) Le père de Manuel voulait, lui aussi, devenir pompier, et il l'est maintenant. ☐ b) Le père de Manuel voulait, lui aussi, devenir pompier, mais il a choisi un autre métier. ☐ c) Le père de Manuel jouait au pompier quand il était petit, mais cela ne lui plaisait pas comme vrai métier. ☐	**6.** a) La grand-mère ne voulait pas le métier de pompier pour son fils. ☐ b) Elle trouve que ce métier est trop dangereux pour les filles. ☐ c) Elle trouve que, dans le Midi de la France, on a besoin de jeunes qui aiment l'aventure et le danger et qui veulent faire ce métier. ☐

c *As-tu bien compris les détails? Alors complète les phrases exactement comme tu les as entendues. Tu peux réécouter le dialogue si nécessaire.*

1. – [Ton père] rêvait de ____, de se battre contre ____________________, de sauver ____________________________________.

2. […] il avait un plaisir fou ____ avec ses petits camions de pompier qu'on lui avait offerts. **3.** – Oh, mamie, tu ______________________________ danger …

---

1 malgré [malgʀe] trotz – **2 un incendie** [ɛ̃sɛ̃sãdi] ein (Groß-)Feuer/ein Brand – **3 en tout cas** [ãtuka] auf jeden Fall

2 Moi, à ta place … → § 25

TIPP
Schau nochmals in deinem Grammatischen Beiheft nach, wie man das „***Conditionnel présent***" bildet und präge dir besonders die unregelmäßigen Formen ein!

Fabrice s'est disputé avec sa copine qui maintenant ne veut plus le voir. Son copain Loïc lui donne des conseils.

*Avant de faire l'exercice, mets les verbes du tableau à la bonne forme du **conditionnel présent**.*

nous (savoir) ________	il (pouvoir) ________	vous (comprendre) ________
ils (venir) ________	tu (aller) ________	j'(avoir) ________
elles (faire) ________	vous (être) ________	il (voir) ________

*Maintenant, lis les phrases, puis mets les verbes au **conditionnel présent**.*

1. Loïc: – Moi, à ta place j' (aller la voir) ________ et je lui (apporter) ________ des fleurs[1] ou un cadeau.

2. A ta place, je (venir) ________ tous les jours et je (l'attendre) ________ à la sortie de l'école.

3. Comme ça, elle (savoir) ________ que tu ne l'oublies pas. Tu (pouvoir) ________ l'inviter au cinéma, par exemple.

4. Vous (voir) ________ un film d'amour et tu (s'asseoir) ________ tout près d'elle. Elle (être) ________ très contente.

5. Fabrice: – Et pendant le film déjà, nous (se disputer) ________ parce qu'on (ne pas avoir) ________ de pop-corn[2] ou parce qu'elle (trouver) ________ le film bête.

6. Loic: – Ah, ces deux-là, ils (ne pas faire) ________ un bon couple[3], je comprends maintenant. Et je te dis, Fabrice, moi, à ta place, je (ne pas courir après[4]) ________ cette fille. Tu (ne jamais devenir) ________ heureux avec elle, tu (devoir) ________ l'oublier!

7. Fabrice: – Moi aussi, je comprends maintenant: c'est toi qui (vouloir sortir) ________ avec elle! Et ça, c'est vraiment pas rigolo[5]!

---

1 une fleur [ynflœʀ] eine Blume – **2 le pop-corn** [ləpɔpkɔʀn] das Popcorn – **3 un couple** [ɛ̃kupl] ein Paar – **4 courir après qn** *(fam.)* [kuʀiʀapʀɛ] jdm. hinterher-/nachlaufen (weil man in ihn/sie verliebt ist, *ugs.*) – **5 rigolo** *(fam.)* [ʀigɔlo] lustig *(ugs.)*

3 «Comme des grands …» → §§ 26, 27

TIPP
Bevor du mit den Übungen dieser Seite beginnst, mach dir nochmals klar, welche **Kombination von Zeiten** in den jeweiligen Hälften eines Bedingungssatzes stehen muss (mit *si* / ohne *si*).
Beachte: Die „*si*-Hälfte" des Satzes muss nicht immer am Anfang stehen, die Reihenfolge ist egal.

Pour la première fois, Marine et son frère Pascal restent seuls à la maison pendant quelques jours. Avant de partir, les parents leur donnent les dernières instructions[1].

a *Regarde d'abord les exemples, puis complète le tableau.*

	Nebensatz (= Bedingung) mit *si*	**Hauptsatz (= Folge) ohne *si***
Beispiele:	Si j'ai le temps, Les enfants, si je pars avec papa,	je pars avec papa à New York. vous devrez rester seuls à la maison.
Zeitform des Verbs:	______________	______________ / ______________

Complète avec les bonnes formes des verbes.

1. – Si papa et moi partons, vous *(vivre)* ______________ seuls comme des grands! **2.** Si vous avez faim, vous *(trouver)* ______________ tout ce que vous aimez dans le frigo[2]. **3.** S'il pleut, il *(falloir)* ______________ bien fermer les fenêtres du premier étage. **4.** Si vous avez un problème, la voisine vous *(aider)* ______________. **5.** Si on *(donner)* ______________ des bonbons au chien, il *(être)* ______________ malade! **6.** Si on *(vouloir)* ______________ téléphoner à New York, on *(devoir)* ______________ savoir que le matin à Paris, il fait encore nuit à New York.

b *Regarde l'exemple, puis complète le tableau et le texte avec les bonnes formes des verbes.*

	Nebensatz (= Bedingung) mit *si*	**Hauptsatz (= Folge) ohne *si***
Beispiele:	Si papa n'avait pas ce travail,	il n'irait pas souvent à New York.
Zeitform des Verbs:	______________	______________

1. – Si papa ne devait pas faire tous ces voyages, il *(ne pas voir)* ______________ ______________ beaucoup de pays. **2.** Si le chien n'était pas là, nous *(avoir)* ______________ peur, c'est sûr. **3.** Et si nous *(inviter)* ______________ tous les copains? **4.** Nous *(ne pas faire)* ______________ cette grande fête, si nous *(ne pas être)* ______________ seuls et sans parents. **5.** Mais si les copains *(manger)* ______________ tout ce qui est dans le frigo, nous *(ne plus avoir)* ______________ rien pour les autres jours! **6.** Si les copains *(apporter)* ______________ à manger et à boire, ce *(ne pas être)* ______________ un problème.

---

1 **une instruction** [ynɛ̃stʀyksjɔ̃] eine Anweisung – 2 **un frigo** *(fam.)* [ɛ̃fʀigo] ein Kühlschrank *(ugs.)*

4 Les parents à New York → §§ 26, 27

Les parents de Marine et de Pascal sont à New York et pensent à leurs enfants, à Paris.

a *Indique dans le graphique (Schaubild)* ***le/les temps*** *qu'il faut mettre.*

Bedingungssatz mit *si*

- **Bedingung möglich oder wahrscheinlich**
  - **A Hauptsatz = Folge** Zeit: ____________
  - **B Nebensatz = Bedingung (mit *si*)** Zeit: ____________
- **Bedingung möglich, aber unwahrscheinlich**
  - **C Hauptsatz = Folge** Zeit: ____________
  - **D Nebensatz = Bedingung (mit *si*)** Zeit: ____________

b *Lis les phrases, puis note pour chaque proposition ou proposition subordonnée (Nebensatz), si c'est* ***A, B, C*** *ou* ***D****. Ensuite, complète les phrases avec les verbes dans leurs formes correctes.*

1. La mère: – Je ____________ encore plus contente ici,	C	être
si je ne ____________ pas toujours aux enfants seuls à Paris.		penser
2. Le père: – Mais écoute, chérie, s'ils ____________ un problème,		avoir
ils nous ____________ ou ils ____________ chez la voisine.		appeler, aller
3. S'il ____________ beau à Paris ce week-end,		faire
ils ____________ se promener dans le parc avec le chien.		pouvoir
4. Dans quelques années, si les enfants en ____________ envie,		avoir
nous leur ____________ visiter New York aussi, d'accord?		faire
5. La mère: – Demain, si tu ____________ toute la journée,		travailler
je ____________ les musées.		visiter
6. Le père: – Et si on ____________ un taxi pour arriver plus vite à l'hôtel?		prendre

5 «Ah, tu vas dans le Midi?» → § 28

Un monsieur parle à son ami qui va bientôt aller dans le Midi. Faut-il mettre ***si*** *ou* ***quand****? Mets un* **S** *pour* ***si*** *et un* **Q** *pour quand.*

TIPP
Die Unterscheidung von ***si*** und ***quand*** ist besonders wichtig, weil im Deutschen beides „wenn" heißen kann! Überlege deshalb bei dieser Übung ganz genau.

«____ tu vas dans le Midi, tu vas sûrement voir des forêts qui brûlent. Chaque année, ____ l'été arrive, c'est la même chose: ____ les gens comprenaient enfin, il y aurait moins de catastrophes. Mais ____ ils fument ou font un feu pour leur pique-nique dans la nature, ils ne pensent pas au danger. Et ____ il y a plusieurs feux dans la région, les canadairs ne peuvent pas être partout. Souvent, ____ ils arrivent, c'est trop tard.»

6 On doit quitter la maison! → § 29

Dans un petit village de Provence, on doit mettre les gens en sécurité[1] parce que la forêt brûle et le feu est tout près des maisons. La famille Bardolini doit quitter sa maison.

*Pour compléter les dialogues, réponds aux questions et remplace les mots et les expressions en bleu par le pronom **y** ou le pronom **en**.*

1. – Maman, tu es contente de l'aide[2] des pompiers ? – Oui, j'________________________.

2. – Maman, nous allons dormir dans l a maison de tante Sophie ce soir? Oui, ma petite, nous ________________

____________________. **3.** – Elle habite encore à Bourg-du-Midi ? – Oui, elle ____________________.

4. – Quand est-ce qu'on va revenir de Bourg-du-Midi ? – On ____________________ dans quelques jours.

5. – Maman, je peux prendre un peu de chocolat pour le voyage? – Oui, tu ____________________.

6. – Ecoute, ma puce[3], dans ta chambre , tu n'as rien oublié? – Mais si! J'____________________

mes affaires pour l'école …

7 Le serpent[4] du feu

TIPP
Vergiss nicht, zu den Verben auch das Konjugationsmuster zu lernen. Im **Vokabellernheft** findest du auf S. 39–41 weitere Vokabelübungen.

a *Trouve les **12 autres mots** cachés dans ce serpent. Encadre-les (Rahme sie ein).*

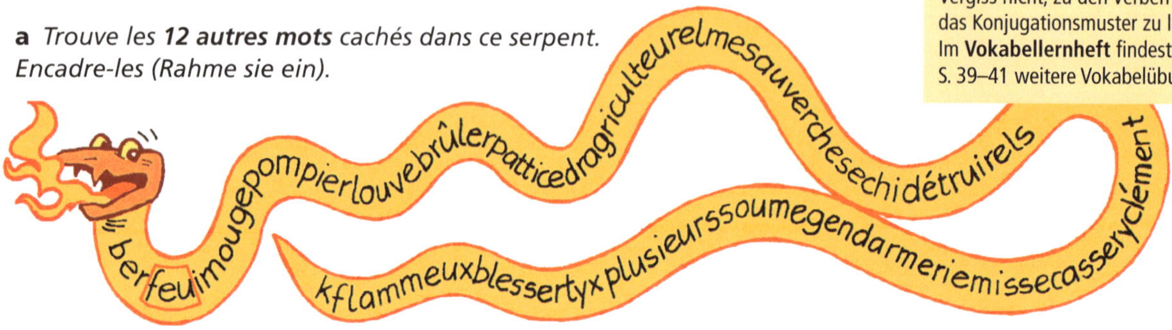

b *Fais un filet à mots (noms, verbes, adjectifs, expressions) autour du **feu** et de la **catastrophe**. Utilise aussi les mots que tu as trouvés dans la partie **a**.*

le feu

la catastrophe

l'aide

les réactions des gens

---

1 mettre qn en sécurité [mɛtʀɑ̃sekyʀite] jdn. in Sicherheit bringen (wenn man z. B. einen Ort evakuieren muss) – **2 une aide** [ynɛd] eine Hilfe – **3 ma puce** [mapys] *Kosename vor allem für Kinder* (**une puce** = ein Floh) – **4 un serpent** [ɛ̃sɛʀpɑ̃] eine Schlange

8 Une soirée télé?

a *Lis la bande-annonce (Filmvorschau), puis travaille d'abord sur les* ***mots inconnus*** *qui ne sont pas annotés (→ contexte, mots de la même famille, autres langues, etc.). Relis le texte et coche le titre qui va le mieux avec le film.*

Notre recommandation pour votre soirée télé

Ce soir à la télé, ne manquez pas le documentaire du mercredi. A 21 heures, rendez-vous avec Patrick Levallot, le réalisateur que vous connaissez déjà et qui a déjà fait plusieurs reportages très intéressants sur l'histoire de la Bourgogne, sur la vie dans un quartier chinois à Paris et sur le port de Marseille.

Ce soir, Patrick Levallot vous conduira dans les régions où il y a souvent des incendies[1]: le Midi de la France et la Corse. Avec sa caméra, il vous montrera la très belle nature et les plages magnifiques[2] de ces deux régions qui attirent chaque année des milliers de touristes, mais il nous expliquera aussi les dangers des incendies qui sont nombreux dans ces régions sèches. Chaque été, le feu détruit une grande partie de la forêt et souvent, les flammes bloquent les routes ou arrivent même dans les villages ou dans les campings. C'est alors la catastrophe pour les gens. Le film montre la situation tragique où un camping a brûlé et où plusieurs personnes ont trouvé la mort pendant leurs vacances, tout près de la plage. Levallot a fait des interviews avec des gens de la région, des agriculteurs, avec des touristes étrangers et avec des pompiers. Il cherche à savoir pourquoi il y a toujours ces incendies et comment on se bat contre le feu. Et comme toujours, ce réalisateur nous présente des images magnifiques de la nature et des photos de la catastrophe qui éveillent[3] en nous des sentiments très forts, et comme toujours, il nous présente des gens comme nous, des gens qui nous parlent de leur vie et de leurs problèmes et qui nous racontent comment ils se battent contre les catastrophes de la vie.

① ☐

② ☐

③ ☐

④ ☐

b *Vrai ou faux? Coche.*

	vrai	faux
1. Ce réalisateur a déjà fait un documentaire sur un quartier historique[4] à Paris.	☐	☐
2. On apprend aussi la mort tragique d'une famille dans un village du Midi.	☐	☐
3. Pour mieux comprendre, Levallot a parlé avec des gens, des touristes et des pompiers.	☐	☐
4. Le style de ce réalisateur est sans émotions[5], il veut seulement donner des informations.	☐	☐
5. Ce film montre de belles photos de la nature.	☐	☐
6. Dans les interviews, les gens racontent leur vie et leurs problèmes.	☐	☐
7. Les gens qui parlent dans ce film sont des gens comme tout le monde.	☐	☐
8. Le film fait partie[6] d'une série[7] qui passe tous les jours, à 21 heures.	☐	☐

c *Explique d'abord en quelques phrases, pourquoi tu aimerais voir ce film ou pas. Puis imagine comment toi ou ta famille, vous* ***réagiriez*** *si tu te trouvais / vous vous trouviez à un camping qui brûle. Ecris environ (ungefähr) 130 mots dans ton cahier.*

1 un incendie [ɛ̃nɛ̃sɑ̃di] ein (Groß-)Feuer/ein Brand – **2 magnifique** [maɲifik] wunderbar – **3 éveiller** [eveje] (er)wecken – **4 historique** [istɔʀik] historisch – **5 une émotion** [ynemɔsjõ] ein(e) Gefühl(sregung) – **6 faire partie de qc** [fɛʀpaʀti] Teil von etw. sein – **7 une série** [ynseʀi] *hier:* eine Fernsehserie

9 Communiquer et écrire: Vacances dans le Midi

Avec ta famille, vous voulez passer les vacances dans le Midi et pour cela, louer (mieten) une maison. Tes parents ne parlent pas le français, alors tu téléphones au propriétaire de la maison et fais l'interprète.

Ta mère: Wenn sich jemand meldet, frag erst mal, ob es überhaupt der richtige Ansprechpartner ist. Es geht um das Haus in Bormes … irgendwas mit Mimosen war das. Sag, dass wir die Annonce im Internet gefunden haben und dass es uns sehr interessiert.
Propriétaire: Allô?

1. *Toi:* ______________________________

____

Propriétaire: Oui, c'est ça, je suis le propriétaire de la maison. Elle se trouve à Bormes-les-Mimosas, enfin pas directement, c'est à quatre kilomètres du village. Vous vous y intéressez donc pour les vacances? Je vous dis que c'est idéal pour les familles, c'est calme, il y a un jardin, les enfants peuvent jouer sans danger, vous allez aimer … Euh, pardon … je parle trop …, qu'est-ce que vous voulez savoir exactement?

2. *Toi:* ______________________________

____

Ta mère: Das hört sich gut an. Am Strand liegt es ja nicht, ob man irgendwo baden kann? Und frag mal, wie viele Zimmer das Haus hat, ob ein oder zwei Bäder und ob es eine funktionierende Küche gibt. Mit der Oma und deinem Freund sind wir ja eine große Familie.

3. *Toi:* ______________________________

____

Propriétaire: On peut se baigner dans une petite rivière[1] qui n'est pas loin. Vous savez, il y a beaucoup de choses intéressantes à voir, il y a par exemple le corso fleuri[2], il faut le voir … Oh oui, pour la cuisine, pas de problème, elle est toute moderne et très bien équipée[3], elle a tout ce que vous voulez, mon fils l'a aménagée[4] l'année dernière, parce que, vous savez, c'est lui qui voulait habiter la maison avec sa femme et ses enfants, mais maintenant, ils sont à Marseille … Bon alors, il y a trois chambres à l'étage, et puis trois pièces en bas, il y a deux petites salles de bain.

4. *Toi:* ______________________________

____

____

____

Ta mère: Das klingt sehr gut, aber wir müssen noch wissen, was es kostet, und ob das Haus im Juli überhaupt frei ist. Sag ihm dann, dass wir's uns überlegen und ihm per Mail antworten.

5. *Toi:* ______________________________

____

Propriétaire: En juillet, c'est la pleine saison[5], ça coûte 95 euros par jour, et c'est encore libre. Vous avez de la chance!

6. *Toi:* ______________________________
Propriétaire: D'accord, au revoir, et dis à tes parents qu'il faut vite répondre, hein!

---

1 une rivière [ynʀivjɛʀ] ein Fluss – **2 un corso fleuri** [ɛ̃kɔʀsoflœʀi] ein Blumenkorso – **3 équipé(e)** [ekipe] ausgestattet – **4 aménager qc** [amenaʒe] etw. einrichten/ausbauen – **5 la pleine saison** [laplɛnsɛzõ] die Hochsaison

10 Rendre en allemand: «Les trois palmiers[1]»

Avec tes copains allemands qui ne comprennent pas le français, vous avez découvert le site web du camping «Les trois palmiers». Tes copains trouvent que le site web est très cool. Ils te demandent de leur expliquer ce que dit le texte. Tu le leur résumes en allemand dans ton cahier.

Entrez dans le site

Camping «Les trois palmiers»

Passer ses vacances aux «Trois palmiers», au bord de la mer Méditerranée, c'est une nouvelle aventure chaque jour!
Parce que ce terrain de camping n'est pas comme les autres. Bien sûr, il y a la plage, le soleil, comme partout dans le sud.
Mais ce camping, c'est plus, c'est beaucoup plus, et c'est autre chose.

D'abord, il est grand, très grand, plus grand que d'autres campings dans la région.
Puis il y a du monde, beaucoup de monde et cela toujours, jour et nuit.
Et le plus important, le camping «Les trois palmiers» c'est un camping jeune et pour les jeunes.

C'est autre chose que les vacances tranquilles avec maman et papa ...

Pourquoi?

- Parce que les jeunes s'y retrouvent, s'amusent, rigolent, et sont entre jeunes, trouvent des copains. On peut écouter de la musique très fort, crier, rigoler, même la nuit, il n'y a personne pour vous dire: «Allez, au lit, il est tard!» ou «Silence! On veut dormir!» Les autres ne dorment pas, ils s'amusent avec vous!
- Parce qu'on offre toutes les activités sportives que les jeunes aiment, à la plage qui est longue de deux kilomètres, mais aussi sur les rivières de la région et en montagne. On peut faire des randonnées[2], du canoë[3], du surf et mille autres choses encore ...
- Parce qu'on organise des matchs de volley, de foot etc. tous les jours.
- Parce qu'il y a trois discothèques gratuites et souvent des concerts, on peut donc écouter de la musique et danser tous les soirs, si on veut.
- Parce que, et c'est aussi une chose importante, les vacances au camping «Les trois palmiers» ne sont pas chères!

Cela vous intéresse de venir aux «Trois palmiers», seul(e) ou avec vos copains? Réservez vite votre place pour les vacances! Mais dites à vos parents que ce n'est pas pour eux!

E-mail : infos@camping-les-trois-palmiers.com
Camping Les trois palmiers · Rue des patriotes 83600 · Fréjus ·Tél. 0033 (0)4 94 18 88 88 · Fax: 0033 (0)4 94 18 88 80

---

1 **un palmier** [ɛ̃palmje] eine Palme – 2 **une randonnée** [ynʀɑ̃dɔne] eine Wanderung – 3 **faire du canoë** [fɛʀdykanɔe] Kanu fahren

10 Punkte

1 Ecouter: Infos touristiques[1]

a-Teil insges. 2 Punkte

a *Ecoute bien l'émission (Sendung) et coche la phrase correcte.*

1. On donne des informations pour les touristes qui sont dans la région.	☐
2. On donne des informations pour les gens qui s'occupent des touristes dans la région Dijon.	☐
3. On parle de l'incendie[1] du Beausset.	☐
4. On propose des activités pour la semaine.	☐

TIPP
Bevor du die Radiosendung anhörst, sieh dir die Karte der Region an und präge dir die Ortsnamen ein, einige werden in der Sendung vorkommen.

b-Teil insges. 8 Punkte

b *Maintenant, écoute encore l'émission, prends des notes dans le tableau, puis réponds aux questions.*

Für die Notizen in der Tabelle bekommst du zwar keine Punkte, aber sie helfen dir, die Fragen gut zu beantworten!

le temps:	le danger:	la route:	les activités:
______	______	______	______
______	______	______	______
______	______	______	______
______	______	______	______

1. Quel temps fera-t-il dans cette région, ce jour-là?

____

2. Le temps sera bon pour quelles activités?

____

3. Pourquoi le danger d'un incendie est-il encore plus grand ce jour-là?

____

4. Quelle est la situation entre Bresse et La Celle?

____

____

5. Que peut-on faire le soir, dans la région?

____

____

____

---

1 **touristique** [tuʀistik] touristisch, für Touristen – 2 **un incendie** [ɛ̃nɛ̃sɑ̃di] ein (Groß-)Feuer/ein Brand

2 Lire: «Questions qui brûlent.»

10 Punkte insges.

Dans un forum sur Internet, les jeunes donnent leur opinion (Meinung) sur les touristes qui viennent dans leur région l'été. Lis d'abord les textes. Puis coche: qui dit quoi?

Questions qui brûlent – Le forum des jeunes de notre région

De: Sirène I 17-7-09 18:12
Moi, je vous dis que les touristes dans notre région, c'est une peste. D'abord, en été, il y en a trop, vraiment trop. Ils sont partout et on ne se sent plus chez nous, c'est terrible. Et je suis absolument sûr que l'incendie[1] de Brignoles, c'étaient encore des touristes qui ont mis le feu à la forêt.

De: Lucy I 17-7-09 18:15
Vous aimez bien l'argent des touristes, mais vous ne les aimez pas? Alors ça ne va pas! Dans cette région, il y a beaucoup de métiers qui vivent des touristes, des gens qui ont besoin des touristes.

De: Puce I 17-7-09 19:00
Oui, c'est vrai bien sûr ce que Lucy dit. Mais je suis d'accord aussi avec Sirène, l'été il y a vraiment trop de monde chez nous! Et certains[2] touristes sont vraiment bêtes, ils fument, ils jettent leurs cigarettes sans réfléchir, ils ne respectent pas la nature, ils ne savent même pas ce que c'est qu'une poubelle. Chez nous, les jeunes du village doivent ranger la plage tous les matins, on trouve des bouteilles vides, du papier etc. Ce n'est pas normal ça!

De: Crabe I 17-7-09 19:47
C'est vrai, c'est terrible. Mais il y a aussi des touristes sympas et qui ne font pas de bêtises. Une famille anglaise vient chez nous chaque été, ils habitent dans l'appartement au premier étage. Ils ont deux enfants, ils se promènent, ils vont à la plage, ils se baignent, ils aiment la nature, ils font des excursions… Le soir, on est souvent ensemble, ils nous parlent de Paris et ils nous posent mille questions parce qu'ils veulent tout savoir sur la région. Avec eux, aucun[3] problème!

Pour envoyer une réponse, cliquez ici .

	Sirène	Lucy	Puce	Crabe
1. Il y a trop de touristes dans la région.	☐	☐	☐	☐
2. Dans la région, on a besoin des touristes pour vivre.	☐	☐	☐	☐
3. Il y a aussi des touristes qui ne font pas de problèmes.	☐	☐	☐	☐
4. Moi, je connais des touristes qui respectent bien la nature.	☐	☐	☐	☐
5. Certains touristes ne comprennent pas le danger du feu, ils fument partout.	☐	☐	☐	☐
6. Tous les touristes m'énervent.	☐	☐	☐	☐
7. Certains touristes arrivent sur une plage propre[4], mais quand ils la quittent, elle n'est plus propre!	☐	☐	☐	☐

3 Ecrire: Moi, touriste…

10 Punkte insges.

Mets-toi à la place d'un(e) jeune qui passe chaque année ses vacances dans cette région avec sa famille. Il/Elle vient de lire les textes de l'exercice 2. Ecris une contribution (Beitrag) au forum de ce/cette jeune touriste. Utilise au moins trois phrases conditionnelles (150 mots dans ton cahier).

1 un incendie [ɛ̃nɛ̃sɑ̃di] ein (Groß-)Feuer – **2 certain(e)s** [sɛʀtɛ̃,-sɛʀtɛn] gewisse – **3 aucun(e)** [okɛ̃,okyn] keiner/keine/keines – **4 propre** [pʀɔpʀ] sauber

[Module 2] Un cyberprojet

1 Au CDI

Lundi matin, Lili, Yasmina et Yan se retrouvent au CDI du collège.

a *Ecoute le texte, puis coche la phrase qui résume correctement le texte.*

1. Yan est triste qu'il ait dû rester à la maison et faire des devoirs d'anglais pendant qu'il faisait beau dehors.	☐
2. Yasmina ne trouve pas bon que Yan s'amuse devant l'ordinateur au lieu de travailler sérieusement pour l'école.	☐
3. Yan a déjà beaucoup d'expérience avec l'ordinateur et en plus, il est très fort en maths.	☐

b *Ecoute le texte encore une fois et coche: vrai, faux ou on ne sait pas?*

	vrai	faux	on ne sait pas
1. Le week-end dernier, il a fait mauvais.	☐	☐	☐
2. Lili a passé le week-end à Dakar.	☐	☐	☐
3. Yan a passé le week-end seul devant son ordinateur.	☐	☐	☐
4. Yan aime jouer à l'ordinateur.	☐	☐	☐
5. A l'avenir, Yan va travailler plus dur en maths.	☐	☐	☐
6. Yasmina a fait un tour en bateau dans les Calanques.	☐	☐	☐

c *Ecoute le texte une troisième fois, puis finis les phrases.*

1. Lili est bronzée parce qu(e) ______________________________

____

2. Pendant le week-end, Yan ______________________________

____

3. Pour Yasmina, Yan est une nouille parce qu(e) ______________________________

4. Yasmina pense que pour réussir en informatique, il faut ______________________________

____

5. Comme métier, Yasmina a choisi celui de ______________________________ internationale.

6. A la fin du texte, Yan est celui qui se moque des filles parce qu(e) ______________________________

____

____

____

2 L'anniversaire → §§ 30, 31

TIPP
Bevor du die Übung bearbeitest, wiederhole die Bildung des *Subjonctif,* v.a. die Verben mit Stammveränderung (→ *que je boive/que nous buvions).*

a *Quelles formes du **subjonctif** sont correctes? Coche, corrige et donne l'infinitif.*

il faut que / qu' …	vrai	faux	la forme correcte	infinitif
1. je faise	☐	☐		
2. nous prennions	☐	☐		
3. vous deviez	☐	☐		
4. il aie	☐	☐		
5. nous soyions	☐	☐		
6. tu veuilles	☐	☐		
7. vous voiez	☐	☐		
8. nous allions	☐	☐		

b *Maintenant, lis le dialogue, puis complète les phrases à la bonne **forme** et au **mode** correct du verbe **(subjonctif** ou **indicatif**). Mets aussi les temps qu'il faut.*

TIPP
Nicht in allen *que*-Sätzen steht *Subjonctif*. Als Faustregel kannst du dir merken, dass in *que*-Sätzen, die eine **subjektive** Weltsicht ausdrücken (die Welt, wie wir sie gerne hätten oder wie wir sie beurteilen), ***Subjonctif*** steht. Merke dir daher v.a. die **Ausnahmen:** ***être d'avis*** und ***espérer:*** hier steht der **Indikativ**.

1. Léa: – Il faut qu'on (faire) ______________ des projets pour mon anniversaire, papa. Cette année, il tombe sur un week-end, c'est une chance qu'on (pouvoir) __________________ inviter mes copains un samedi soir. **2.** Le père: – Ça m'amuse que tu (vouloir) ____________________ inviter Emma. Tu dis toujours que tu (ne pas pouvoir) ___________________ la sentir. **3.** Léa: – Non, je serais contente qu'Emma (venir) _______________ avec son copain, Ricardo. C'est l'Italien que j'(avoir connu) _______________________ l'année dernière chez les Carbonne. **4.** Le père: – Ah bon. Je trouve bizarre que nous (ne pas connaître) __________________________ ________ ce garçon. **5.** Léa: – Arrête, papa. Il est sympa, voilà tout. Je trouve qu'une jeune fille (ne jamais avoir) ______________________ trop de copains! **6.** Le père: – Et combien de garçons est-ce que tu veux inviter alors? Je suis d'avis que quinze invités[1] (être) __________________ assez. **7.** Léa: – Mais papa, tu sais bien que j'(avoir) _____________________ 18 ans en juillet. Je veux que nous (fêter) ____________________ ça avec une boum gigantesque[2] et que nous (boire) ________________________ du champagne à ma santé. **8.** Le père: – Alors, je propose qu'on (aller) _____________ dans le jardin. Espérons qu'il (faire) ________________ beau ce 14 juillet. Tu as de la chance parce que, comme chaque année, tu (avoir) _________________ même des feux d'artifice[3] …

---

1 un(e) invité(e) [ɛ̃/ynɛ̃vite] ein Gast – **2 une boum gigantesque** *(fam.)* [ynbumʒigɑ̃tɛsk] eine gigantische Fete *(ugs.)* – **3 un feu d'artifice** [ɛ̃fødaʀtifis] ein Feuerwerk

3 Le rendez-vous → § 32 + Révisions S. 61

a *Complète les dialogues avec la bonne forme des pronoms démonstratifs* ***celui, celle, ceux, celles.*** *Ajoute* ***-ci*** *ou* ***-là, de*** *ou* ***un pronom relatif.***

TIPP
Die Demonstrativpronomen dienen dazu, einen schon benannten Gegenstand (Beziehungswort) durch ein ***-ci/-là,*** **einen Relativsatz** oder ein ***de*** näher zu beschreiben.

①

②

③

④

⑤

⑥

b *L'histoire des deux dames de la partie* **a** *continue. Lis les phrases et complète-les avec les pronoms démonstratifs* ***celui/celle/ceux/celles + -ci/-là, de*** *ou* ***un pronom relatif*** *et avec les déterminants démonstratifs* ***ce/cet/cette/ces.***

1. La dame: «Non, attends Marie, je vais lui demander …» Elle montre une photo au monsieur. «Pardon, monsieur, __________ photos-ci, ce sont bien __________ j'ai trouvées sur votre site Internet «Adonis cherche Vénus»? __________ homme est grand, sportif, baraqué …»

2. Le monsieur rit et dit: «… et moi, je suis plutôt petit, pas sportif et pas du tout baraqué, n'est-ce pas[2], c'est ce que vous voulez dire?» … Il se lève. «Excusez-moi, madame. J'avoue que __________ photo est __________ un copain, Léon … Euh, vous savez, on fait du théâtre ensemble et après la répétition de __________ après-midi, je n'ai plus retrouvé mes vêtements. __________ vêtements, ce sont __________ je porte dans notre nouvelle pièce.» Il sourit d'une manière charmante[3] et dit aux dames: «Mais asseyez-vous, mesdames, et goûtez __________ gâteaux. Ils sont délicieux. Vous voulez __________ ou __________?»

1 un marché aux puces [ɛ̃maʀʃeopys] ein Flohmarkt – **2 n'est-ce pas** [nɛspa] nicht wahr – **3 d'une manière charmante** [dynmanjɛʀʃaʀmɑ̃t] auf charmante Art

4 Avant le déménagement → § 33

Avant le déménagement, Madame Carbonne et Manon rangent le bureau de Monsieur Carbonne qui n'est pas là.

Regarde les exemples suivants. Puis lis ce que Madame Carbonne dit encore.

TIPP
Nur wenn das direkte Objekt vor einem Verb im *Passé composé* steht, wird das *Participe passé* angeglichen. Schau dir nochmals die Beispiele an.

Mme C.: – Tu as posé les livres dans le carton, Manon?
Manon: – Oui, je les ai pos**és** dans le carton.
→ Das direkte Objekt steht in der Antwort als Pronomen **vor** dem Verb.
→ Das *Participe passé* **wird** an das Objekt *(m., pl.)* **angeglichen**.

Mme C.: – Tu as donné les livres à Emma?
Manon: – Oui, je lui ai donn**é** les livres.
→ Das direkte Objekt steht in der Antwort **hinter** dem Verb.
→ Es erfolgt **keine Angleichung**.

Mme Carbonne: Tu jettes les papiers dans la poubelle, Manon. Ces pantalons, tu les mets dans le carton gris. La vieille télé, tu la portes dans la cave, on va la donner à l'église pour les pauvres. Tu peux prendre cette affiche pour l'école. La géographie des Alpes n'intéresse personne. Maintenant rangeons les CD sur cette étagère portable. Tiens, ces photos-là sont drôles. On ne les jette pas. Colle-les dans mon album, s'il te plaît.

Quand Monsieur Carbonne rentre, il trouve son bureau presque vide! Qu'est-ce que Manon lui explique?

*Complète d'abord les participes passé des verbes. Fais attention à **l'accord**. Puis regarde bien le dessin et relis ce que Madame Carbonne a dit à Manon et finis les phrases.*

1. M. Carbonne: – Mais où sont les papiers que j'avais laissés sur la table? Manon: – Tes papiers? On les a jetés à la poubelle. **2.** M. Carbonne: – Et mes pantalons que j'avais pos_____ sur la chaise? Manon: – Je __________________________________. **3.** M. Carbonne: – Je ne vois plus la télé que j'ai achet_____ quand j'avais vingt ans. Manon: – Maman veut la donner à l'église pour les pauvres. Je __________________________________. **4.** M. Carbonne: – Dieu merci, je vais la chercher tout à l'heure. Mais où est l'affiche qu'Emma m'a donn_____ pour mon anniversaire? Manon: – Elle est jolie. Je __________________________________.

5. M. Carbonne: – D'accord. Et mes CD préférés, vous les avez cach_____ où? Manon: – Ceux dont tu m'as parlé hier? Maman et moi, on __________________________________.

6. M. Carbonne: – J'espère que vous avez aussi jet_____ les photos que ta mère a pris_____ quand j'avais les cheveux longs. Manon: – Non, celles-là, je __________________________________ car maman les trouve jolies. **7.** M. Carbonne: – Mon Dieu! Et où sont les bonbons que tu m'as offert_____ quand je t'ai aid_____ à faire tes devoirs de maths? Manon rit: – Je ne sais pas. Je crois qu'Amandine les a mang_____.

5 Tu connais le jargon du Net?

a *Cherche le vocabulaire de l'informatique dans la grille: encadre les 13 mots. Ils sont en allemand en dessous de la grille.*

W	U	N	D	V	V	H	R	V	W	B	F	U	I	N	D
C	T	D	B	R	R	V	E	C	R	A	N	B	C	Q	Y
E	N	X	J	Q	I	C	D	C	H	D	U	R	L	T	L
Z	P	A	D	P	H	C	Q	P	H	J	M	T	I	C	X
N	H	Y	B	B	N	L	G	F	G	O	E	H	Q	A	P
K	W	L	C	Y	G	A	D	D	V	R	R	S	U	Y	Q
O	S	O	R	C	T	V	L	X	E	S	I	T	E	K	M
A	M	G	E	S	Y	I	W	K	K	X	Q	U	R	D	A
C	W	I	F	W	K	E	G	R	D	L	U	N	Y	I	T
T	N	C	Y	B	E	R	P	R	O	J	E	T	X	T	B
K	Q	I	X	H	N	F	O	U	N	O	C	B	I	L	Q
L	S	E	F	H	O	R	D	I	N	A	T	E	U	R	Z
W	E	L	I	H	D	W	X	D	E	N	C	D	N	L	S
X	X	T	H	K	N	Q	S	K	E	T	Q	C	R	P	D
T	T	Y	E	X	L	Z	H	Y	S	O	U	R	I	S	D
D	R	W	Y	M	W	Y	E	P	U	V	L	S	N	F	Z
E	Q	Q	Q	R	Y	P	T	E	Z	R	L	N	S	A	R
K	L	K	O	P	S	E	C	O	N	N	E	C	T	E	R
L	B	D	M	X	Q	S	V	R	Z	Q	B	P	A	C	A
Z	E	G	F	T	U	C	S	C	L	U	M	J	L	S	E
P	C	L	C	M	Q	G	A	H	O	Q	U	C	L	E	J
F	W	X	N	X	W	S	E	P	L	A	N	T	E	R	Z
T	I	Z	K	A	I	G	B	K	E	F	C	K	R	F	C
P	R	W	Z	I	N	X	U	G	Q	T	T	Q	N	D	K

Website / Software / Bildschirm / Computer / einrichten / Maus / Daten / digital / anklicken / abstürzen / sich einloggen / Online-Projekt / Tastatur

b *Maintenant complète le texte suivant avec les mots que tu as trouvés.*

Luc: – Tu n'as pas l'air contente, Anne. Laisse-moi deviner. C'est ton ____________, non?

Anne: – Oui. Quand j'ai ____________ le nouveau ____________, il y a eu un message sur l'____________: problème 237F – du chinois[1], quoi! Depuis, je ne peux plus ____________ à Internet. J'ai ____________ comme une folle sur la ____________, j'ai même donné un coup au ____________. Tu sais combien cette machine m'énerve, et alors, tout à coup, elle ____________ complètement!

Luc: – Mon Dieu. Alors tu as appelé ta sœur, la reine de l'ordi?

Anne: – Elle va venir ce soir. Mais elle m'a déjà dit qu'il est possible que j'aie perdu quelques ____________ ____________. Heureusement, elle connaît un ____________ sur Internet qui offre du secours. J'espère qu'elle pourra m'aider parce que notre nouveau projet, un ____________, commencera bientôt!

6 Marseille

*Fais d'abord un filet à mots pour le thème de «Marseille» dans ton cahier. Puis complète le texte: trouve les **voyelles** (Vokale) des mots demandés entre parenthèses.*

Hier, nous sommes arrivés à Marseille-Provence, l' (rprt) ____________ de Marseille.

Quelle (chlr) ____________ dans le (Md) ____________ de la France, au moins 30 degrés.

Le (sll) ____________ brille du matin au soir. J'avais tout de suite besoin de mes (lntts) ____________. Bien sûr, j'ai voulu voir la (Mdtrrn) ____________.

Pierre n'avait pas envie de (s bgnr), ____________ ____________, cette nouille, donc nous ne sommes pas allés sur la (plg) ____________. Nous nous sommes (blds) ____________ sur le (Vx prt) ____________ ____________ pour regarder les (btx) ____________.

Demain, on va visiter les (Clnqus) ____________.

1 **du chinois** *(fam.)* [dyʃinwa] *hier:* unverständliches Zeugs *(ugs.)*

7 Il n'est pas facile d'être jeune.

Dans un forum d'un magazine pour jeunes en ligne, tu tombes sur les contributions[1] de deux jeunes qui parlent de leurs problèmes.

a *Lis les contributions, choisis-en une, puis écris une réponse dans le champ (Textfeld). Utilise des expressions avec le* ***subjonctif****.*

TIPP
In dieser Übung sollst du Stellung nehmen und Gefühle äußern, d.h., ehe du anfängst, solltest du die Ausdrücke, die den *Subjonctif* auslösen, wiederholen (§ 31). Gute Tipps erhältst du auch im *On-dit*-Kasten, SB S. 81.

Ton avis nous intéresse – Le forum des jeunes

De: Alexandre, 13 ans | 11-7-09 20:15
Quand ma mère nous a quittés, j'avais 10 ans. Mon père était super-gentil pour moi. Le samedi, on jouait au foot ensemble, on allait au cinéma. Bref, c'était génial. Mais c'est terminé maintenant. Je ne comprends pas pourquoi il a répondu à cette annonce … «Ma chérie» vit chez nous depuis deux mois, mais ce n'est pas tout – elle est arrivée avec 20 cartons et sa fille Mimi qui a 3 ans. Quelle horreur! Elles ne respectent rien, on ne reconnaît plus la maison. Et que fait mon père? Il est content et m'oublie … J'ai envie de partir …

De: Nathalie, 12 ans | 12-7-09 17:10
J'ai toujours été plutôt bonne élève, sauf en allemand, mais ça allait, notre prof était gentil. Depuis septembre, nous avons une nouvelle prof, Frau Schäfer, avec qui j'ai des problèmes. Elle demande qu'on fasse des montagnes d'exercices, qu'on apprenne des listes de vocabulaire … Trop c'est trop, je trouve. Bien sûr, elle n'est jamais contente de mon travail, elle se moque de mes fautes et elle me donne de mauvaises notes. Les autres l'aiment bien car elle nous a proposé de faire un voyage à Lübeck, un trou perdu en Allemagne du sud (??), je crois. J'en ai marre, marre mais marre!

Pour envoyer une réponse, cliquez ici .

De: ton nom ______________________, ton âge _____ ans | date ___________ heures ___________

b *Et toi? Ça va bien? Ça va mal? Parle de toi et raconte dans ton cahier ce que te rend (macht) heureux / heureuse ou malheureux / malheureuse. Utilise des expressions avec le* ***subjonctif****.*

1 **une contribution** [ynkõtʀibusjõ] ein Beitrag

8 Communiquer et écrire: Qu'est-ce qui vous a plu?

Avec ta classe, tu es en France chez vos correspondants. Au collège, un professeur vous demande ce qui vous a plu. Comme ton copain est nul en français, tu fais l'interprète.

Ton copain: Ich finde es toll, dass man in der Kantine ein warmes Essen bekommt. An unserer Schule essen die Schüler in der Pause nur das, was sie in irgendwelchen Dosen von zu Hause mitbringen, also meist belegte Brote oder Obst und oft ist das Zeug steinhart oder durchgeweicht. Dazu meine bescheidene Meinung: eine Imbissbude würde ein Vermögen verdienen …

1. *Toi:* ______________________________

____

____

Le professeur: Chez nous, les élèves ont classe jusqu'à 17 ou même 18 heures – sauf le mercredi bien sûr. Il faut donc qu'ils mangent bien à midi. Nos élèves ne sont pourtant pas toujours contents. On leur offre des repas corrects avec une salade en entrée et un dessert au choix à un prix pas trop cher – et ils se plaignent qu'on ne puisse pas manger des frites tous les jours.

2. *Toi:* ______________________________

____

____

Ton copain: Also ich finde, dass sie dumm sind. Meine Mama sagt, zu viele Pommes seien nicht gut für die Gesundheit. Ich bin froh, dass es bei uns zu Hause oft Fisch und Salat gibt.

3. *Toi:* ______________________________

____

Le professeur (rit): N'oublie pas que les pommes de terre sont des légumes. Non, je rigole … Qu'est-ce qui vous plaît encore chez nous?

4. *Toi:* ______________________________

____

Ton copain: Freistunden sind zwar cool, aber manchmal würde ich doch gern etwas für die Schule machen, vor allem mittwochs, weil ich nachmittags Training habe. Donnerstag früh haben wir Englisch beim „schärfsten Hund" an der ganzen Schule und wer da die Vokabeln nicht kann, fängt leicht eine 6. Deshalb gefällt mir ganz besonders das CDI. Hier können die Schüler in Ruhe arbeiten und bekommen Hilfe bei Referaten und Hausaufgaben. Man hat Zugriff auf Medien aller Art und kann auch jederzeit einen Computer benutzen. Man muss oft im Internet Texte oder Bildmaterial suchen, aber ich zum Beispiel habe keinen Computer. Das ist ein Problem. Ich hoffe, dass meine Mama bald einen kauft.

5. *Toi:* ______________________________

____

____

____

____

Le professeur: Tu as raison. Un ordinateur, c'est vraiment nécessaire pour travailler.
Ton copain: Das habe ich verstanden … ich werde es meiner Mama ausrichten …

9 Rendre en allemand: Le quartier du Panier

Tu trouves ce texte dans un guide touristique sur Marseille.

TIPP
An diesem Text kannst du nicht nur üben, wie man das Wesentliche eines fremdsprachigen Textes in der Muttersprache wiedergibt, sondern auch, wie man mit unbekanntem Wortschatz umgeht.

a *Lis-le. Puis travaille sur les mots inconnus en italique: lis les explications et traduis les mots.*

Près du Vieux port se trouve la vieille ville, le quartier historique de Marseille. Ce qui était la colonie romaine de Massilia, s'appelle aujourd'hui le quartier du Panier. Rues *piétonnes*, escaliers, *linges* aux fenêtres, le Panier est un village où ça sent bon la cuisine marseillaise: *la bouillabaisse* par exemple est une spécialité mondialement connue.
Partout on entend l'accent du Midi qui est très différent du français des Parisiens. Les Marseillais aiment leur langue, on dirait qu'ils la chantent.
Au 19e siècle, le Panier était le quartier des hommes de la mer, des pêcheurs et des *matelots* qui vivaient dans des petites maisons.
Plus tard, ce quartier a accueilli des *vagues* d'immigrés d'Italie et d'autres pays méditerranéens. Aujourd'hui, le Panier *attire* surtout des touristes qui admirent les couleurs des belles façades fraîchement peintes, les musées et les églises. Ils font le tour des boutiques d'artistes comme celles des peintres ou des *potiers* dans lesquelles ils peuvent trouver des objets originaux qu'ils achèteront en souvenir …

le nouveau mot	explication	traduction
un(e) piéton(ne)	personne qui va à pied	______
le linge	*ici:* vêtements qu'on a mis dans l'eau car ils étaient sales et qui sont maintenant au soleil	______
la bouillabaisse	soupe de poissons	______
un matelot	homme qui travaille sur un bateau	______
une vague	*ici:* beaucoup/une masse	______
attirer	*ici:* inviter à venir à un endroit/lieu	______
un potier	qn qui fait des objets, par exemple des assiettes, etc. de «terre brûlée»	______

b *Recopie (Übertrage) ce tableau dans ton cahier et complète-le avec les autres mots inconnus.*

Je comprends …

… le nouveau mot	à l'aide d'autres langues,	d'un mot de la même famille	ou du contexte.	En allemand, c'est …
…	…	…	…	…

c *Maintenant, résume le texte de la partie **a** en allemand dans ton cahier.*

1 Ecouter: Un coup de téléphone*

6 Punkte

a *Un soir, le téléphone de Céline sonne. C'est Jonas. Ecoute le texte une fois et coche la bonne réponse.*

1. Au téléphone, un frère et sa sœur parlent d'un nouveau logiciel.	☐
2. Au téléphone, deux amoureux parlent d'un rendez-vous.	☐
3. Au téléphone, deux professeurs parlent d'un projet.	☐

4 Punkte a + b

b *Ecoute le dialogue encore une fois. Puis réponds aux questions.*

1. Pourquoi est-ce que Céline a des problèmes avec son ordinateur?

____

____

2. Qu'est-ce que Jonas propose à Céline?

____

____

3. Pourquoi est-ce que Céline (n') est (pas) d'accord?

____

____

2 Punkte Teil c

c *Ecoute le texte une troisième fois, puis décris Jonas.*

____

____

____

2 Ecrire: Souvenirs bretons, projets marseillais

La classe de Jonas participe[1] à un jumelage Internet[2] avec une classe marseillaise. Les deux classes communiquent alors par[3] e-mail: elles se racontent ce qu'elles ont vécu et ce qu'elles projettent[4] de faire.

10 Punkte

1) 4 Pkte.
2) 6 Pkte.

1) Imagine que la classe de Jonas ait fait un voyage de classe en Bretagne. Tu peux d'abord relire les informations et les histoires (souvent bizarres) sur la Bretagne dans la leçon 5 pour te donner des idées (environ 80–100 mots).

2) Imagine également un e-mail d'un(e) élève de la classe marseillaise qui raconte de sa ville et d'un nouveau (cyber-)projet de sa classe (environ 150 mots).

*Ecris les deux exercices dans ton cahier et utilise des expressions avec **le subjonctif**.*

---

* **(im HV-Text) un courriel** [ɛ̃kuʀjɛl] = un e-mail – **1 participer à qc** [paʀtisipe] an etw. teilnehmen – **2 un jumelage Internet** [ɛ̃ʒymlaʒɛ̃tɛʀnet] eine virtuelle Partnerschaft – **3 par** [paʀ] über/per – **4 projeter de faire qc** [pʀɔʒəte] vorhaben, etw. zu tun

3 Lire: On cherche un sujet.

14 Punkte

a *Lis ce texte que tu as trouvé dans le blog de Caroline sur Internet. Tu comprendras les mots inconnus sans problème (→ mot de la même famille, autres langues, contexte).*

6 Punkte a + b

Chers amis allemands,

Notre prof de français nous a présenté l'idée de faire un projet avec vous. A propos d'idée, nous vous proposons de travailler sur les idées (ou bien: sur les clichés!) que les Français et les Allemands se font sur leur voisin. On est sûrs qu'on va bien rigoler. Les Allemands croient que les Français mangent de la baguette du matin au soir et qu'ils ne boivent que du vin rouge et du café noir, c'est ça? Dingue! Avec des copains, on vient de faire un petit sondage pour savoir ce que les élèves qui ne font pas d'allemand et nos familles savent de l'Allemagne. Bonne nouvelle: nous n'avons trouvé personne (sauf quelques personnes âgées[1]) qui pensent encore à la guerre. Pour les jeunes et leurs parents, les Allemands sont des voisins sympas mais qui sont un peu bizarres car ils aiment avant tout la discipline, ils travaillent beaucoup trop et oublient de s'amuser. En plus, ils sont fous de la nature, mangent des tonnes de muesli et des pommes de terre et ils boivent de la bière, surtout aux fêtes de la bière en Bavière[2]. Bien sûr, tout le monde a les cheveux blonds. On a rencontré plein de Français qui sont jaloux des Allemands car ils pensent qu'ils sont plus riches que nous. Ils gagnent de l'argent parce qu'ils construisent par exemple la célèbre voiture à l'étoile qui se vend (encore) bien. Qu'est-ce que vous en pensez? Est-ce que vous vous reconnaissez dans ce dessin?

Allez, on vous laisse.
A bientôt,
Caroline (3e A, collège Auguste Rodin, Marseille)

b *Relis le texte. Puis coche: vrai, faux ou pas dans le texte?*

	vrai	faux	on ne sait pas
1. Caroline demande quels sujets intéressent les élèves allemands.	☐	☐	☐
2. Les élèves français ont posé des questions sur l'Allemagne à leurs parents et amis.	☐	☐	☐
3. Les Français pensent que les Allemands respectent par exemple, les feux rouges.	☐	☐	☐
4. On croit que les Allemands savent faire la fête, par exemple, la fête de la bière.	☐	☐	☐
5. De l'avis des Français, les Allemands aiment beaucoup s'amuser.	☐	☐	☐
6. En France, on dit que les Allemands sont riches.	☐	☐	☐

8 Punkte c-Teil

c *Donne ton avis sur le sujet: écris un e-mail à Caroline (environ 130–150 mots dans ton cahier).*

---

1 âgé(e) [ɑʒe] alt – **2 en Bavière** *(f.)* [ɑ̃bavjɛʀ] in Bayern

[Module 3] Le tour du monde francophone

1 La francophonie, c'est quoi?

TIPP
Stell dir beim Hören immer wieder die **W-Fragen**!

a *Ecoute le texte une première fois et explique en une phrase complète de quoi il parle.*

____.

b *Ecoute le texte une deuxième fois. Un mot est faux dans chaque phrase. Raye ce mot (Streiche … durch) et remplace-le par le mot correct dans l'encadré. Attention: il y a des mots de trop!*

1. Clémentine et Binta sont des cousines. ____________
2. Les deux filles restent dans la cour. ____________
3. Elles apprennent pour l'exposé sur la francophonie. ____________
4. Clémentine pose des questions à Binta sur les pays où on lit le français. ____________
5. Loïc écoute les deux filles. ____________

les Québécois **énerve** **la leçon** **parle** **en haut** **du Maroc** **l'interro** **la salle** **entend** **des copines**

c *Vrai, faux ou on ne sait pas? Coche la bonne réponse.*

	vrai	faux	on ne sait pas
1. Clémentine et Binta travaillent parce que la prof n'est pas là.	☐	☐	☐
2. Elles veulent apprendre pour le cours de français.	☐	☐	☐
3. Clémentine sait déjà tout sur la francophonie.	☐	☐	☐
4. Binta va souvent au Sénégal.	☐	☐	☐
5. Au Sénégal, on ne parle pas le français.	☐	☐	☐
6. L'interro sera la semaine prochaine.	☐	☐	☐

d *Réponds aux questions.*

1. Pourquoi est-ce que Binta ne parle pas de langue africaine? (*Deux raisons*)

____

____

____

____

2. Qu'est-ce que Clémentine a dit comme bêtise?

____

3. Pourquoi est-ce que Binta est contente à la fin?

____

2 Partir en vacances → § 34

Marc et sa femme, Sandrine, discutent.

*Complète le texte avec les **prépositions** qui manquent.*

1. Sandrine: – Cet été, j'ai envie de partir ______ Etats-Unis.

2. Marc: – Ecoute, chérie, on n'a que trois semaines. Pour un long voyage, ce n'est pas assez. Moi, je préfère aller ______ Pays-Bas. Après, on peut passer un week-end ______ Luxembourg ou ______ Belgique. J'ai entendu dire que ces pays-là sont très beaux. Ou bien on va ______ Pologne, on peut y passer des vacances pas chères.

3. Sandrine: – Ah bon … Mais … qu'est-ce que mes copines diraient alors. Non, il faut qu'on aille dans un pays plus exotique. Mimi vient de revenir ______ Chine et Françoise ______ Viet-nâm. Elles ont fait envie aux autres. Moi, je rêve d'un voyage ______ Maroc ou ______ Turquie. Ça, c'est moins loin que New York.

4. Marc: – Toi et tes copines … Ecoute, je ne pars pas en vacances pour impressionner[1] ces dames-là. Non, ne pleure pas, chérie. Qu'est-ce que tu dis d'un voyage ______ Espagne ou ______ Portugal? De là, on peut faire une excursion ______ Afrique du Nord. Et tu leur enverras une carte postale ______ Maroc avec un goupe de chameaux[2].

3 Le début d'une catastrophe → § 35

Voici l'extrait d'un livre sur l'histoire des Indiens en Amérique.

*Lis le texte et souligne tous les verbes au **passé simple**. Puis imagine que tu sois le capitaine qui raconte l'histoire à ses enfants. Réécris le texte dans ton cahier: utilise le **passé composé** et **l'imparfait**. N'oublie pas l'accord du participe passé.*

TIPP
Die Formen des *Passé simple* entschlüsselst du am besten, indem du an das *Participe passé* der Verben denkst. Zum Beispiel „*il sut*" kommt von „*savoir*", denn das *Participe passé* lautet „*su*". Leider klappt das nicht immer, aber hier hilft dir oft der Kontext weiter.

Quand les premiers Européens arrivèrent à la plage, ils virent des Indiens qui portaient des vêtements bizarres. Les Indiens qui n'avaient jamais vu d'hommes blancs eurent peur. Ils attendirent sans rien dire. Mais très vite, leur chef comprit que ces étrangers n'étaient pas méchants et il les invita dans son wigwam. Les blancs entrèrent l'un après l'autre. D'abord, le silence fut total. Puis ils purent entendre la voix du chef indien qui leur fit signe[3] de s'asseoir près du feu. Le vieil homme offrit un objet décoré[4] de coquillages au capitaine et un bon repas à toute l'équipe du bateau. L'ambiance était bonne, mais tout à coup, un homme blanc sortit une bouteille de whisky de sa poche et la mit devant le chef. Celui-ci en but une gorgée[5] et …

1 impressionner qn [ɛ̃pʀesjɔne] jdn. beeindrucken – **2 un chameau, des chameaux** [ɛ̃/deʃamo] ein Kamel, Kamele – **3 un signe** [ɛ̃siɲ] ein Zeichen – **4 décoré(e)** [dekɔʀe] verziert – **5 une gorgée** [ynɡɔʀʒe] ein Schluck

4 L'avis d'Aminata → § 6

*Réactive tes connaissances en grammaire: complète les phrases avec **ce qui** ou **ce que**.*

1. – __________ m'a plu au Canada, ce sont les villes souterraines de Montréal, par exemple. Je ne sais pas __________ je ferais quand il fait moins 30 degrés. J'aurais besoin d'une «Heizdecke», __________ ne serait pas très pratique pour me promener.

2. Le beau temps, c'est __________ plaît aux touristes en Afrique, mais c'est aussi __________ les Africains craignent car la chaleur peut détruire les plantes.

5 Le Canada → §§ 6, 7, 8

*Réactive tes connaissances en grammaire: relie les phrases à l'aide des **pronoms relatifs** et écris-les dans ton cahier.*

1. Les Etats-Unis est le pays	**qui**	le Canada est le voisin.
2. Niagara est la ville près	**que**	il y a des chutes d'eau[1] hautes de 52 m.
3. La langue est un sujet à propos	**où**	les Canadiens ne sont pas tous d'accord.
4. Les Québécois sont ceux	**dont**	préfèrent le français.
5. La Gaspésie est une région	**ce que**	les touristes visitent pour photographier des ours et des castors[2].
6. Le hockey de glace est un sport	**duquel**	beaucoup de jeunes Canadiens s'intéressent.
7. Une ville souterraine, c'est	**auquel**	les Canadiens ont inventé pour faire les magasins en hiver.
8. On y trouve des magasins	**de laquelle**	on peut regarder et acheter sans avoir froid.

6 Rendre en allemand: Tout ce qui brille n'est pas d'or[3].

TIPP
Lies dir zuerst nochmals **§ 35** in deinem GBH durch!

Lis le texte puis note d'abord ce que les mots en italique signifient en allemand. Relis le texte et résume-le en allemand dans ton cahier.

Quand j'étais enfant, ma grand-mère m'a raconté une histoire instructive[4]. La voici:
«Deux *anges* en voyage demandèrent une place pour la nuit à un homme riche qui les accueillit méchamment. Les anges devaient se coucher dans la cave froide. Là, les anges découvrirent un trou dans le mur que l'un d'eux répara. Le matin, ils partirent et continuèrent leur route. Le soir, ils vinrent dans un village où ils trouvèrent un *hébergement* chez des paysans très pauvres qui furent très gentils pour les deux inconnus. Mais quand, au milieu de la nuit, la seule vache des paysans mourut, l'ange ne fit rien pour la *sauver*. Son *camarade* vit la misère[5] de ces pauvres gens, se mit en colère et dit: 'Pourquoi as-tu aidé le méchant mais pas les autres?'
'Il faut regarder de plus près', répondit alors l'autre. 'Derrière le trou, il y avait de l'argent que cet homme n'aurait jamais donné aux pauvres. Et la vache, je l'ai donné à l'ange de la mort qui était venu pour chercher le pauvre paysan. Tu vois, ce qui a l'air d'un malheur est parfois une chance'.»

____

____

1 **une chute d'eau** [ynʃytdo] ein Wasserfall – 2 **un castor** [ɛ̃kastɔʀ] ein Biber – 3 **Tout ce qui brille n'est pas d'or.** *(proverbe)* [tuskibʀijnɛpadɔʀ] Es ist nicht alles Gold, was glänzt. *(Sprichwort)* – 4 **instructif, instructive** [ɛ̃stʀyktif,-iv] lehrreich – 5 **la misère** [lamizɛʀ] das Elend

7 Travaille avec les mots.

TIPP
Falls dir bei der Teilaufgabe **a** ein Wort nicht einfällt, bearbeite Teilaufgabe **b** weiter. Vielleicht helfen dir die Sätze, die fehlenden Worte zu finden!

a *Remplis le tableau: mets les contraires (1.), des synonymes (2.) et des mots de la même famille (3.).*

1. contraires	2. synonymes	3. même famille
calme ≠ ______	le week-end = ______ ______	raconter → ______
le paradis ≠ ______	être là = ______ ______	intéressant → ______
pas connu ≠ ______	finir = ______	la fin → ______

b *Utilise des mots que tu as trouvés dans la partie* **a** *et mets-les dans les phrases suivantes.*

1. – Tu connais cette actrice? Non? Mais elle est super ______!

2. Elle a ______ une rencontre au collège et elle nous a raconté des super ______ africains.

3. Une histoire qui nous a fait très peur parce qu'elle se passe en ______ et que là, il y a la mort qui fait mal aux gens …

4. Après toutes ces histoires, j'étais vraiment ______!

5. Mais tous les élèves étaient contents parce qu'ils ______ tous aux histoires qui font peur!

8 Qu'est-ce qu'ils disent?

Regarde les images et trouve ce qu'ils disent. Mets les réponses dans les bulles.

①

②

③

9 A la Martinique

a *Lis le texte et trouve la signification des trois mots en allemand.*

TIPP
Sieh zuerst die Tabelle im **b**-Teil an, unterstreiche dann im Text die Antworten.

La ville la plus importante est Fort-de-France qui est la préfecture[1] de la Martinique. On parle deux langues: le français et le créole, la langue de cette île française. Le créole est une langue importante pour les Martiniquais; on entend les gens parler créole partout, dans la rue, dans les familles, à la radio ou à la télévision. On peut même apprendre le créole au collège et il existe un dictionnaire martiniquais-français. «Il faut absolument que mes enfants apprennent le créole», raconte une dame, «parce que c'est la langue de notre île et c'est notre identité, notre culture! Et on veut la garder!»
La majorité[2] des habitants sont noirs ou métis[3]. Il y a aussi quelques blancs nés à la Martinique auxquels les Martiniquais ont trouvé un nom: on les appelle les békés.

L'île vit et profite beaucoup du tourisme avec son soleil et ses plages mais aussi ses forêts et son volcan, la Montagne Pelée (1397 m). Les habitants des îles parlent encore aujourd'hui de l'irruption[4] du volcan en 1902 qui fit 29 000 morts en deux minutes! Mais il y a une chose à laquelle il faut faire attention, ce sont les tempêtes qui se passent chaque année ce qui fait beaucoup de dégâts[5].
Mais si la Martinique est une belle île sur laquelle on peut passer de bonnes vacances au soleil, il y a aussi beaucoup de problèmes. D'abord le problème du travail: il n'y a pas beaucoup de travail et beaucoup de Martiniquais doivent quitter l'île pour partir à la métropole, Paris, où ils pensent trouver du travail. En plus, la vie est très chère à la Martinique. «Tout vient de la métropole», explique un Martiniquais, «alors bien sûr, tout est super cher.»

une identité: ____________________

un volcan: ____________________

un habitant: ____________________

b *Remplis le tableau sur la Martinique. Relis le texte si nécessaire.*

ville importante	______	**activités**	______
langues	______	**problèmes**	______
événement[6] grave	______		______

c *Vrai ou faux? Corrige les phrases qui sont fausses.*

	vrai	faux	phrases corrigées
1. Etre à la Martinique, c'est aussi être en France.	☐	☐	______
2. Les Martiniquais parlent plusieurs langues: le français, le créole et le chinois.	☐	☐	______
3. A la télévision, on peut voir des émissions en créole.	☐	☐	______
4. Les békés, ce sont les Européens qui sont nés à la Martinique.	☐	☐	______
5. La Martinique, c'est le paradis!	☐	☐	______

1 **la préfecture** [lapʀefɛktyʀ] *Verwaltungssitz eines Départements* – 2 **la majorité** [lamaʒɔʀite] die Mehrheit – 3 **un métis, une métisse** [ɛ̃/ynmetis] *Person, deren Eltern nicht dieselbe Hautfarbe haben* – 4 **une irruption (du volcan)** [yniʀypsjõ] ein (Vulkan-) Ausbruch – 5 **des dégâts** *(m.)* [dedega] Schäden – 6 **un événement** [ɛ̃nevɛnmɑ̃] ein Ereignis

d *Réponds aux questions.*

1. Pourquoi est-ce que la dame dit que le créole, c'est l'identité des Martiniquais?

____

2. Pourquoi est-ce que la Montagne Pelée est célèbre? ______________________________

____

3. A quoi est-ce qu'il faut faire attention sur l'île? ______________________________

4. Qu'est-ce qu'il y a comme problème sur l'île? ______________________________

____

10 Tempête[1] à la Martinique

Tu es en vacances à la Martinique et il y a eu une tempête. Ecris une lettre à ta grand-mère pour lui raconter ce qui s'est passé. Lis d'abord les conseils de Luc.

TIPP

1. Mache dir Notizen → erstelle dir ein **Vokabelnetz** um das Wort *tempête.*
2. Erstelle einen Plan → **Wer** ist beteiligt? **Wann** ist es passiert? **Wo** warst du? **Was** ist geschehen? **Welche** Konsequenzen hat es gegeben?
3. Verwende **Satzverknüpfungen** und **Bindewörter** → *d'abord, ensuite, enfin, tout à coup, etc.*
4. Vergiss nicht die **Grußformel** am Ende deines Briefes und passe sie an den Adressaten an, d.h., je nachdem, ob du an eine(n) Freund(in) schreibst oder ob es ein offizieller Brief ist → *Je t'embrasse / Gros bisous // Salutations distinguées / cordiales.*
5. Achte auf die **Grammatik** →
   - denke an die **Signalwörter**, die dir anzeigen, ob du *Imparfait* oder *Passé composé* verwenden musst;
   - verwende **Nebensätze** (Relativsätze, Infinitivsätze);
   - **gleiche** die Substantive und die Adjektive **an**.

INFO

Bei einem tropischen Sturm steigt die feucht-warme, von der Sonne aufgeheizte Luft auf, und es bilden sich dicke Gewittertürme. Dadurch wird zusätzlich Wärme freigesetzt, die den ganzen Prozess noch weiter anheizt. Bei einem solchen Gewitter sind Regen und Wind so heftig, dass oft viele Schäden entstehen.

Chère mamie,

Tu sais qu'à la Martinique il y a des tempêtes? Eh bien, il y a eu une super tempête hier …

____

____

____

____

____

____

____

____

1 **une tempête** [yntɑ̃pɛt] *hier:* ein tropischer Sturm

11 Communiquer et écrire: Le français au Sénégal

Ton corres Léon qui vient du Sénégal est en visite chez toi.
Vous discutez avec ta copine qui ne parle pas le français. Tu fais l'interprète.
(Lis les phrases et travaille d'abord sur les mots inconnus en jaune.)

Ta copine: Frag ihn mal, warum man im Senegal französisch spricht. Das ist doch in Afrika.

1. *Toi:* ______________________________

Léon: Au 19e siècle, le Sénégal était une colonie française et tout le monde devait parler le français. Mais le wolof, la langue de nos pères, n'est pourtant pas mort. Quand mon pays est devenu indépendant , on a gardé le français comme langue officielle . A la maison, les gens préfèrent parler le wolof. Mon père dit toujours: «En français, on ne rigole pas – c'est le wolof qui touche le cœur[1].»

2. *Toi:* ______________________________

____

Ta copine: Warum haben sie denn ausgerechnet Französisch zu ihrer Amtssprache gemacht? Nach der Kolonialzeit hatten sie doch sicher die Nase voll davon.

3. *Toi:* ______________________________

Léon: Le wolof est un d'un grand nombre de dialectes très différents dans notre pays. Grâce au français, les gens qui viennent de différentes régions se comprennent. En plus, dans nos dialectes les mots modernes manquent. Tu ne pourrais pas expliquer le logiciel d'un ordinateur en wolof. Et troisièmement, nos hommes politiques[2] et les chefs d'entreprise[3] ont besoin du français pour parler avec leurs collègues en Europe ou aux Etats-Unis qui, le plus souvent, ne parlent que l'anglais ou le français. C'est donc très pratique pour nous d'apprendre le français. Cela permet[4] aux jeunes de faire leurs études[5] en France. Mais il y a des gens qui aimeraient oublier tout ce qui est français, c'est vrai …

4. *Toi:* ______________________________

____

____

____

____

Ta copine: Das verstehe ich. Mensch, das war richtig interessant! Wie steht er denn persönlich zu Französisch?

5. *Toi:* ______________________________

Léon: Pour moi, tous ces problèmes, c'est de la préhistoire[6]. Ce qui m'intéresse, c'est l'avenir de mon pays. Il faudrait que moins de gens soient au chômage[7]. Je voudrais que tous les enfants aient la possibilité d'aller à l'école. S'ils savent lire et écrire, ils pourront se sortir de la misère[8] et aider leurs familles. Je rêve d'être médecin ou professeur pour trouver des solutions aux problèmes du Sénégal.

6. *Toi:* ______________________________

____

____

1 toucher le cœur [tuʃeləkœʀ] das Herz anrühren – **2 un homme politique** [ɛ̃nɔmpɔlitik] ein Politiker – **3 un chef d'entreprise** [ɛ̃ʃɛfdɑ̃tʀəpʀiz] ein Geschäftsführer eines Unternehmens – **4 permettre qc à qn** [pɛʀmɛtʀ] jdm. etw. erlauben – **5 faire ses études** *(f.)* [fɛʀsezetyd] studieren – **6 la préhistoire** [lapʀeistwaʀ] die Steinzeit – **7 être au chômage** [ɛtʀoʃomaʒ] arbeitslos sein – **8 se sortir de la misère** [səsɔʀtiʀdəlamizɛʀ] sich aus dem Elend befreien/seine (materielle) Situation verbessern